Lesehefte für den Literaturunterricht

In neuer Folge herausgegeben von:
Rainer Siegle und Jürgen Wolff

# 55 gewöhnliche und ungewöhnliche, auf jeden Fall aber kurze und Kürzestgeschichten



zusammengestellt von
Dagmar Grenz

Ernst Klett Verlag
Stuttgart Düsseldorf Leipzig

[ ] Von der Herausgeberin eingesetzte Titel.
Die Jahreszahlen am Ende der Texte bezeichnen deutschsprachige Erstausgaben.

1. Auflage 1 15 14 13 12 | 2020 2019 2018 2017

Alle Drucke dieser Auflage können im Unterricht nebeneinander benutzt werden, sie sind untereinander unverändert. Die letzte Zahl bezeichnet das Jahr dieses Druckes.

Internetadresse: http://www.klett.de
Gesamtherstellung: Digitaldruck Tebben GmbH, Biessenhofen
ISBN 3-12-261070-1

# Inhalt

## I. „Das Tolle an der Liebe ...“


| | | | |
|---|---|---|---|
| 1. | Robert Walser | Der Nachen | 5 |
| 2. | Monika Seck-Agthe | Das Tolle an der Liebe | 6 |
| 3. | Tanja Zimmermann | Eifersucht | 8 |
| 4. | Robert Walser | Mittagspause | 9 |
| 5. | Wolf Wondratschek | Mittagspause | 10 |
| 6. | Tanja Zimmermann | Sommerschnee | 12 |
| 7. | Robert Walser | Brief | 14 |
| 8. | Franz Kafka | Die Abweisung | 15 |
| 9. | Herbert Somplatzki | gedränge | 16 |
| 10. | Irmtraud Morgner | Kaffee verkehrt | 17 |
| 11. | Wolf Wondratschek | Aspirin | 19 |
| 12. | Franz Hohler | Im Schlaf | 20 |
| 13. | Arnfried Astel | Allein | 22 |
| 14. | Bertolt Brecht | Wer kennt wen? | 23 |


## II. Fremd in einem anderen Land, fremd im eigenen Land


| | | | |
|---|---|---|---|
| 1. | Deniz Çalişkan | Abschied | 24 |
| 2. | Ali Çiraci | Hoffnungslos? | 26 |
| 3. | B. Traven | Der Wachtposten | 28 |
| 4. | Mira Lobe | Es gibt Gesetze | 30 |
| 5. | Josianne Maas | Konsequenz | 32 |
| 6. | | Weibliche Beschneidung | 33 |
| 7. | | Gespräch mit Tüley | 35 |
| 8. | Sibylle Rapp | Das rote Spielzeugauto | 38 |


## III. Das Morgen im Heute. Oder: Die Zukunft ist schon jetzt da


| | | | |
|---|---|---|---|
| 1. | Wolfdietrich Schnurre | Kaffeetrinken am Stadtrand | 40 |
| 2. | Andreas Puchta | Herrlich, dieser Frühling 2000 | 41 |
| 3. | Franz Hohler | Der Verkäufer und der Elch | 44 |
| 4. | Georg Danzer | Eckige Kinder | 46 |
| 5. | Herbert Somplatzki | mitternacht | 48 |

6. Franz Hohler — Der Liederhörer ...... 49
7. Robert Walser — Der Traum ......... 51
8. Günter Kunert — Die kleinen grünen Männer ........... 53

**IV. „Und Friede auf Erden ...". Über Gewalt, Krieg und Frieden**

1. Wolf Wondratschek — Kurze Szene ......... 55
2. Reiner Kunze — Sechsjähriger ........ 56
3. Wolfdietrich Schnurre — Mutter läßt grüßen .... 57
4. Bernhard Laux — Alltäglicher Friede .... 58
5. Herbert Somplatzki — intensivmethode: audiovisuell-motorisch...... 59
6. Wolfdietrich Schnurre — Ein Schicksal aus unseren Tagen............ 60
7. Wolf Wondratschek — [Fußball]........... 61
8. Astrid Lindgren — Über Frieden ........ 62
9. F. C. Weiskopf — Der letzte Wunsch..... 64
10. Bertolt Brecht — Der hilflose Knabe .... 65
11. Gerhard Zwerenz — Nicht alles gefallen lassen . 66
12. Anna Seghers — Zwei Denkmäler...... 69

**V. Der ganz gewöhnliche Alltag ...**

1. Franz Hohler — Wie ich lebe......... 71
2. Reiner Kunze — Clown, Maurer oder Dichter........... 73
3. Reiner Kunze — Fünfzehn.......... 75
4. Robert Walser — Kleines Landstraßenerlebnis........... 77
5. Reiner Kunze — Ordnung.......... 79
6. Franz Hohler — Morgen im Spital...... 80
7. Herbert Somplatzki — dunkelblaue tränen .... 81
8. Günter Kunert — Memory .......... 82
9. Franz Hohler — Die Reinigung ....... 83
10. Wolf Wondratschek — [Der Hundertmarkschein] 84
11. Franz Kafka — Der Nachbar ........ 85
12. Günter Kunert — Hinausschauen....... 87
13. Franz Kafka — Die Bäume ......... 88

Textquellenverzeichnis .................... 89

# I. „Das Tolle an der Liebe ...“

## 1. Robert Walser: Der Nachen

Ich glaube, ich habe diese Szene schon geschrieben, aber ich will sie noch einmal schreiben. In einem Nachen, mitten auf dem See, sitzen ein Mann und eine Frau. Hoch oben am dunklen Himmel steht der Mond. Die Nacht ist still und warm, recht geeignet für das träumerische Liebesabenteuer. Ist der Mann im Nachen ein Entführer? Ist die Frau die glückliche, bezauberte Verführte? Das wissen wir nicht; wir sehen nur, wie sie beide sich küssen. Der dunkle Berg liegt wie ein Riese im glänzenden Wasser. Am Ufer liegt ein Schloß oder Landhaus mit einem erhellten Fenster. Kein Laut, kein Ton. Alles ist in ein schwarzes, süßes Schweigen gehüllt. Die Sterne zittern hoch oben am Himmel und auch von tief unten aus dem Himmel herauf, der im Wasserspiegel liegt. Das Wasser ist die Freundin des Mondes, es hat ihn zu sich herabgezogen, und nun küssen sich das Wasser und der Mond wie Freund und Freundin. Der schöne Mond ist in das Wasser gesunken wie ein junger kühner Fürst in eine Flut von Gefahren. Er spiegelt sich im Wasser, wie ein schönes liebevolles Herz sich in einem andern liebesdurstigen Herzen widerspiegelt. Herrlich ist es, wie der Mond dem Liebenden gleicht, ertrunken in Genüssen, und wie das Wasser der glücklichen Geliebten gleicht, umhalsend und umarmend den königlichen Liebsten. Mann und Frau im Boot sind ganz still. Ein langer Kuß hält sie gefangen. Die Ruder liegen lässig auf dem Wasser. Werden sie glücklich, werden sie glücklich werden, die zwei, die da im Nachen sind, die zwei, die sich küssen, die zwei, die der Mond bescheint, die zwei, die sich lieben?

*(1914)*

## 2. Monika Seck-Agthe: Das Tolle an der Liebe

Ich bin zwar nicht mehr die Allerjüngste. Im nächsten Winter werde ich dreißig. Daß ich mich verliebe, wird immer seltener. Es ist schon so viel schiefgegangen. Irgendwas habe ich meistens falsch gemacht. Oft bin ich den Männern einfach zu dicht auf den Pelz gerückt.

Wenn ich mich verliebe, schlägt das ein wie eine Granate. Alles dreht sich, alles ist bunt und sprüht Funken. Ich habe das Gefühl, in den Himmel zu wachsen. Ich bin dann total aus dem Häuschen.

Es gibt Leute, die sich grundsätzlich klug verhalten, überlegt, auch wenn sie verknallt sind. Das kann ich nicht. Den Mann, in den ich verliebt bin, bombardiere ich mit Briefen. Ich rufe ihn an, ich schicke ihm kleine Päckchen, Postkarten, von überall, wo ich gerade bin, ich träume von ihm den ganzen Tag. Ich stelle mir vor, was ich mit ihm alles machen könnte. An einem weißen Strand liegen, in den Spessart fahren, zusammen in ein Beethoven-Konzert gehen. Oder einen ganzen Tag im Bett liegen, mit Obst und Pralinen und Wein.

Meinen Freundinnen liege ich in den Ohren, stundenlang. Ich erzähle, wie schön mein Geliebter ist, wie klug, wie erotisch seine Stimme klingt, daß er die ganzen typischen Männersachen eben gerade nicht hat, daß er sensibel ist und offen.

Manche sagen: „Du mußt etwas taktischer sein. Wenn du den so bestürmst, haut er dir ab. Der denkt ja, du willst ihn fressen. Der kriegt doch Angst."

Das will ich dann immer nicht wahrhaben. Ich sage mir, wenn einer mich richtig liebt, dann müßte er sich doch freuen, daß von meiner Seite so viel passiert. Fast jeden Tag eine Überraschung – das ist doch eigentlich schön.

Ich habe aber inzwischen selber und oft auf schmerzhafte Weise festgestellt, daß die meisten Männer es tatsächlich nicht gut aushalten, wenn man so richtig auf sie absegelt. Deshalb habe ich mit der Zeit gelernt, mich zu bremsen, wenn ich verliebt bin. Ich verkneife mir Glückwunschtelegramme, die selbstgebastelten Fotoromane, jeden zweiten

Anruf, das lüsterne Ausmalen von Reiseträumen. Jedenfalls zum großen Teil (nicht alles!).

Ich habe mich schon mit vielen Männern darüber unterhalten, auch mit vielen Frauen.

Ich denke, das Schwierige in der Liebe ist, seine Gefühle so zu zeigen, wie sie sind, stark und schillernd und himmelhoch, und trotzdem nicht verschlingend zu wirken, krallig und drängelig.

Wenn man sich verliebt, verliert man manchmal den Draht zu sich selbst. Man ist total durcheinander und gerät in eine Art Abhängigkeit zu dem anderen. Wenn er einen mal schief anguckt, bricht gleich die Welt zusammen.

Das müßte anders sein. Man müßte mehr Humor haben in der Liebe. Nicht alles so tierisch ernst nehmen. Nicht gleich Krach schlagen, wenn er mal nicht zur verabredeten Zeit anruft.

Man müßte leichtfüßiger mit der Liebe umgehen. Man müßte mit ihr einen Walzer tanzen, anstatt sie auf einen Sockel zu stellen.

Das wäre was.

Jedesmal wenn mir eine Liebe zerbrochen ist, habe ich es mir ganz fest vorgenommen: Das nächste Mal bleibst du wenigstens mit einem Zeh auf dem Teppich. Und versuchst mal zu lernen aus deinen eigenen Erfahrungen. Das ist mir bis jetzt nicht gelungen.

Ich bin mir selbst zu theatralisch in der Liebe.

Ich mag gerne romantisch schwärmen. Ich habe schon oft am Fenster gestanden und Rotz und Wasser geheult, wenn eine meiner Lieben kaputtgegangen war. Dann dachte ich: Jetzt ist alles aus. Aber das ist das Tolle an der Liebe: Solange man lebt, hört sie nie auf. Es kommt immer noch eine und noch eine. Selbst wenn man nicht damit rechnet. Oder gerade dann. Ich bin gespannt, wie es sein wird, wenn ich mich das nächste Mal verliebe. Und ich freue mich darauf.

*(1984)*

## 3. Tanja Zimmermann: Eifersucht

Diese Tussi! Denkt wohl, sie wäre die Schönste. Juhu, die Dauerwelle wächst schon raus. Und diese Stiefelchen von ihr sind auch zu albern. Außerdem hat sie sowieso keine Ahnung. Von nix und wieder nix hat die 'ne Ahnung.

Immer, wenn sie ihn sieht, schmeißt sie die Haare zurück wie 'ne Filmdiva.

Das sieht doch ein Blinder, was die für 'ne Show abzieht.

Ja, O.K., sie kann ganz gut tanzen. Besser als ich. Zugegeben. Hat auch 'ne ganz gute Stimme, schöne Augen, aber dieses ständige Getue. Die geht einem ja schon nach fünf Minuten auf die Nerven.

Und der redet mit der ... stundenlang. Extra nicht hingucken. Nee, jetzt legt er auch noch den Arm um die. Ich will hier weg! Aber aufstehen und gehen, das könnte der so passen. Damit die ihren Triumph hat.

Auf dem Klo sehe ich in den Spiegel, finde meine Augen widerlich, und auch sonst, ich könnte kotzen. Genau, ich müßte jetzt in Ohnmacht fallen, dann wird ihm das schon leid tun, sich stundenlang mit der zu unterhalten.

Als ich aus dem Klo komme, steht er da: „Sollen wir gehen?"

Ich versuche es betont gleichgültig mit einem Wenn-du-Willst, kann gar nicht sagen, wie froh ich bin. An der Tür frage ich, was denn mit Kirsten ist. „O Gott, eine Nervtante, nee, vielen Dank!" ...

„Och, ich find die ganz nett, eigentlich", murmel ich.

*(1984)*

## 4. Robert Walser: Mittagspause

Ich lag eines Tages, in der Mittagspause, im Gras, unter einem Apfelbaum. Heiß war es, und es schwamm alles in einem leichten Hellgrün vor meinen Augen. Durch den Baum und durch das liebe Gras strich der Wind. Hinter mir lag der dunkle Waldrand mit seinen ernsten, treuen Tannen. Wünsche gingen mir durch den Kopf. Ich wünschte mir eine Geliebte, die zum süßen duftenden Wind paßte. Da ich nun die Augen schloß und so dalag, mit gegen den Himmel gerichtetem Gesichte, bequem und träg auf dem Rücken, umsummt vom sommerlichen Gesumm, erschienen mir, aus all der sonnigen Meeres- und Himmelshelligkeit herab, zwei Augen, die mich unendlich liebenswürdig anschauten. Auch die Wangen sah ich deutlich, die sich den meinigen näherten, als wollten sie sie berühren, und ein wunderbar schöner, wie aus lauter Sonne geformter, feingeschweifter und üppiger Mund kam aus der rötlich-bläulichen Luft nahe bis zu dem meinigen, ebenfalls so, als wolle er ihn berühren. Das Firmament, das ich zugedrückten Auges sah, war ganz rosarot, umsäumt von edlem Sammetschwarz. Es war eine Welt von lichter Seligkeit, in die ich schaute. Doch da öffnete ich dummerweise plötzlich die Augen, und da waren Mund und Wangen und Augen verschwunden, und des süßen Himmelskusses war ich mit einmal beraubt. Auch war es ja Zeit, in die Stadt hinunterzugehen, in das Geschäft, an die tägliche Arbeit. Soviel ich mich erinnere, machte ich mich nur ungern auf die Beine, um die Wiese, den Baum, den Wind und den schönen Traum zu verlassen. Doch in der Welt hat alles, was das Gemüt bezaubert und die Seele beglückt, seine Grenze, wie ja auch, was uns Angst und Unbehagen einflößt, glücklicherweise begrenzt ist. So sprang ich denn hinunter in mein trockenes Bureau und war hübsch fleißig bis an den Feierabend.

*(1914)*

## 5. Wolf Wondratschek: Mittagspause

Sie sitzt im Straßencafé. Sie schlägt sofort die Beine übereinander. Sie hat wenig Zeit.

Sie blättert in einem Modejournal. Die Eltern wissen, daß sie schön ist. Sie sehen es nicht gern.

Zum Beispiel. Sie hat Freunde. Trotzdem sagt sie nicht, das ist mein bester Freund, wenn sie zu Hause einen Freund vorstellt.

Zum Beispiel. Die Männer lachen und schauen herüber und stellen sich ihr Gesicht ohne Sonnenbrille vor.

Das Straßencafé ist überfüllt. Sie weiß genau, was sie will. Auch am Nebentisch sitzt ein Mädchen mit Beinen.

Sie haßt Lippenstift. Sie bestellt einen Kaffee. Manchmal denkt sie an Filme und denkt an Liebesfilme. Alles muß schnell gehen.

Freitags reicht die Zeit, um einen Cognac zum Kaffee zu bestellen. Aber freitags regnet es oft.

Mit einer Sonnenbrille ist es einfacher, nicht rot zu werden. Mit Zigaretten wäre es noch einfacher. Sie bedauert, daß sie keine Lungenzüge kann.

Die Mittagspause ist ein Spielzeug. Wenn sie nicht angesprochen wird, stellt sie sich vor, wie es wäre, wenn sie ein Mann ansprechen würde. Sie würde lachen. Sie würde eine ausweichende Antwort geben. Vielleicht würde sie sagen, daß der Stuhl neben ihr besetzt sei. Gestern wurde sie angesprochen. Gestern war der Stuhl frei. Gestern war sie froh, daß in der Mittagspause alles sehr schnell geht.

Beim Abendessen sprechen die Eltern davon, daß sie auch einmal jung waren. Vater sagt, er meine es nur gut. Mutter sagt sogar, sie habe eigentlich Angst. Sie antwortet, die Mittagspause ist ungefährlich.

Sie hat mittlerweile gelernt, sich nicht zu entscheiden. Sie ist ein Mädchen wie andere Mädchen. Sie beantwortet eine Frage mit einer Frage.

Obwohl sie regelmäßig im Straßencafé sitzt, ist die Mittagspause anstrengender als Briefeschreiben. Sie wird von allen Seiten beobachtet. Sie spürt sofort, daß sie Hände hat.

Der Rock ist nicht zu übersehen. Hauptsache, sie ist pünktlich.

Im Straßencafé gibt es keine Betrunkenen. Sie spielt mit der Handtasche. Sie kauft jetzt keine Zeitung.

Es ist schön, daß in jeder Mittagspause eine Katastrophe passieren könnte. Sie könnte sich sehr verspäten. Sie könnte sich sehr verlieben. Wenn keine Bedienung kommt, geht sie hinein und bezahlt den Kaffee an der Theke.

An der Schreibmaschine hat sie viel Zeit, an Katastrophen zu denken. Katastrophe ist ihr Lieblingswort. Ohne das Lieblingswort wäre die Mittagspause langweilig.

*(1969)*

## 6. Tanja Zimmermann: Sommerschnee

Mir ist alles so egal, ich fühle mich gut.

Der Regen macht mir nichts aus, meine Stiefel sind durchweicht, die Bahn kommt nicht. Neben mir hält ein Mercedes: „Engelchen, ich fahre dich nach Hause.“

Ich hab keine Angst, setze mich einfach neben eine alte Frau, fühle mich sicher, mir kann nichts passieren! In der Bahn stehe ich eingequetscht zwischen naßstinkenden Persianermänteln und grauen Anzugmännern. Die Bahn bremst, eine dicke Frau fällt gegen mich, drückt mich an die Fensterscheibe. Die Leute fluchen, beschimpfen den Fahrer. Ich lache.

Beim Aussteigen drängt jeder den anderen, ich lasse mich treiben, bin glücklich, denke nur an dich!

An der Ampel merke ich, daß ich zu laut singe. Eine Mutter mit Kinderwagen lacht mich an, eine aufgetakelte Blondine mustert mich von oben bis unten. Ich weiß, ich bin klitschnaß, meine weiße Hose ist nach 5 Tagen eher dunkelgrau, doch ich weiß, daß sie dir gefällt. Meine Haare hängen naß und strähnig auf meiner Schulter. Du hast gesagt, du hast dich schon am ersten Tag in mich verliebt, und da hatte ich auch nasse Haare.

Ich laufe schnell über die Straße, leiste mir eine Packung Filterzigaretten, kaufe welche, die mir zu leicht sind, die du am liebsten magst.

Ein grelles Quietschen. Ein wütender Autofahrer brüllt, ob ich Tomaten auf den Augen hätte. Ich lache und beruhige ihn mit einem „kommt nicht noch mal vor“. An einem Schaufenster bleibe ich trotzdem stehen, zupfe an meinen Haaren herum, ziehe die Hose über meine Stiefel, will dir ja gefallen. Ich will dir ja sogar sehr gefallen!

Auf der Apothekenuhr ist es fünf. Ich laufe quer über die nasse Wiese. Schliddere mehr, als daß ich laufe. Aber ich will dich nicht warten lassen, ich kann das auch nicht. Ich werde dann von Minute zu Minute nervöser, also laufe ich. Bevor ich schelle, atme ich erst ein paarmal tief durch, dann klingel ich, fünfmal hast du gesagt. Und meine Freude, dich zu sehen, ist endgültig Sieger über meine Angst.

Erst dann bemerke ich den kleinen zusammengefalteten Zettel an der Wand. Ja, es tut dir leid, wirklich leid, daß du Vera wiedergetroffen hast! Ich soll es mir gutgehen lassen. Richtig gutgehen lassen soll ich es mir! Die brennende Zigarette hinterläßt Wunden auf meiner Hand. Das Rattern der vorbeifahrenden Laster, das Kindergeschrei, Hundegebell und das laut aufgedrehte Radio von gegenüber verschwimmen zu einem nervtötenden, Angst einjagenden Einheitsgeräusch, meine Augen nehmen nur noch die gröbsten Umrisse wahr. Wie eine alte Frau gehe ich den endlos langen Weg zur Haltestelle, meine Füße sind naß und kalt in den durchweichten Stiefeln. Ein glatzköpfiger Mann pfeift hinter mir her, bietet mir sein Zimmer und sich an.

Verschüchtert stehe ich in der Ecke neben dem Fahrplan, mein Gesicht spiegelt sich in der Scheibe. Wann kommt endlich diese elende Straßenbahn?

*(1984)*

## 7. Robert Walser: Brief

Mit einem Brief in der Tasche, den die Post mir gebracht und den ich noch nicht zu öffnen gewagt hatte, ging ich mit bedächtigen Schritten den Berg hinauf in den Wald. Der Tag glich einem blaugekleideten anmutigen Prinzen. Überall zwitscherte, grünte, blühte und duftete es. Die Welt sah aus, als könnte sie für nichts anderes als für Zärtlichkeit, Freundschaft und Liebe geschaffen sein. Der blaue Himmel glich einem gütigen Auge, der zarte Wind einer Liebkosung. Dichter und dunkler war der Wald und bald wieder heller, und das Grün war so jung, so süß. Da blieb ich auf sauberem, gelblichem Wege stehen, zog den Brief hervor, erbrach ihn und las folgendes:

„Die, die sich gezwungen fühlt, Ihnen zu sagen, daß Ihr Brief sie mehr erstaunte als freute, wünscht nicht, daß Sie ihr nochmals schreiben; sie wundert sich, daß Sie den Mut fanden, ihr so nahe zu treten, und sie hofft, daß es mit dieser Art Kühnheit, Tapferkeit und Unbesonnenheit ein für allemal sein Bewenden gehabt hat. Gab sie Ihnen jemals irgendein Zeichen, das auszulegen gewesen sein könnte, als sehne sie sich, zu erfahren, was Sie für sie fühlen? Uninteressant, wie dieselben ihr vorkommen, lassen Ihre Herzensgeheimnisse sie vollständig kalt; für die Ergüsse einer Liebe, die ihr gleichgültig ist, besitzt sie nicht das geringste Verständnis, und daher bittet sie Sie, sich vor das Bewußtsein führen zu wollen, wie sehr Sie Ursache haben, sich der Absenderin gegenüber in angemessene Entfernung zu setzen. Bei Beziehungen, die lediglich respektabler Natur sein sollen, muß jede Wärme, wie Sie ohne weiteres einsehen werden, unbedingt verboten sein."

Ich faltete den Brief, der so Trauriges und Niederschlagendes enthielt, langsam zusammen, und indem ich das tat, rief ich aus: „Wie bist du gut, freundlich und süß, Natur! Deine Erde, deine Wiesen und Wälder, wie sind sie schön! Gott im Himmel, und wie sind deine Menschen hart."

Ich war erschüttert, und noch nie kam mir der Wald so schön vor.

*(1917)*

## 8. Franz Kafka: Die Abweisung

Wenn ich einem schönen Mädchen begegne und sie bitte: „Sei so gut, komm mit mir“ und sie stumm vorübergeht, so meint sie damit:

„Du bist kein Herzog mit fliegendem Namen, kein breiter Amerikaner mit indianischem Wuchs, mit waagrecht ruhenden Augen, mit einer von der Luft der Rasenplätze und der sie durchströmenden Flüsse massierten Haut, Du hast keine Reisen gemacht zu den großen Seen und auf ihnen, die ich weiß nicht wo zu finden sind. Also ich bitte, warum soll ich, ein schönes Mädchen, mit Dir gehn?“

„Du vergißt, Dich trägt kein Automobil in langen Stößen schaukelnd durch die Gasse; ich sehe nicht die in ihre Kleider gepreßten Herren Deines Gefolges, die Segenssprüche für Dich murmelnd in genauem Halbkreis hinter Dir gehn; Deine Brüste sind im Mieder gut geordnet, aber Deine Schenkel und Hüften entschädigen sich für jene Enthaltsamkeit; Du trägst ein Taffetkleid[1] mit plissierten Falten, wie es im vorigen Herbste uns durchaus allen Freude machte, und doch lächelst Du – diese Lebensgefahr auf dem Leibe – bisweilen.“

„Ja, wir haben beide recht und, um uns dessen nicht unwiderleglich bewußt zu werden, wollen wir, nicht wahr, lieber jeder allein nach Hause gehn.“

*(1908)*

---

1 Taffet = Taft

## 9. Herbert Somplatzki: gedränge

wie wunderschön heute abend der vollmond leuchtet! charlotte schmiegte sich ganz eng an ihren freund.

wenn ich so etwas sehe, sagte ralf, dann habe ich nur einen wunsch!

charlottes stimme zitterte vor erregung: welchen??

einmal, bei abnehmendem mond, dort oben rugby zu spielen – das gäbe unvergeßliche gedränge!!

*(1978)*

## 10. Irmtraud Morgner: Kaffee verkehrt

Als neulich unsere Frauenbrigade im Espresso am Alex[2] Kapuziner trank, betrat ein Mann das Etablissement, der meinen Augen wohltat. Ich pfiff also eine Tonleiter rauf und runter und sah mir den Herrn an, auch rauf und runter. Als er an unserem Tisch vorbeiging, sagte ich „Donnerwetter". Dann unterhielt sich unsere Brigade über seine Füße, denen Socken fehlten, den Taillenumfang schätzten wir auf siebzig, Alter auf zweiunddreißig. Das Exquisithemd zeichnete die Schulterblätter ab, was auf Hagerkeit schließen ließ. Schmale Schädelform mit rausragenden Ohren, stumpfes Haar, das irgendein hinterweltlerischer Friseur im Nacken rasiert hatte, wodurch die Perücke nicht bis zum Hemdkragen reichte, was meine Spezialität ist. Wegen schlechter Haltung der schönen Schultern riet ich zu Rudersport. Da der Herr in der Ecke des Lokals Platz genommen hatte, mußten wir sehr laut sprechen. Ich ließ ihm und mir einen doppelten Wodka servieren und prostete ihm zu, als er der Bedienung ein Versehen anlasten wollte. Später ging ich zu seinem Tisch, entschuldigte mich, sagte, daß wir uns von irgendwoher kennen müßten, und besetzte den nächsten Stuhl. Ich nötigte dem Herrn die Getränkekarte auf und fragte nach seinen Wünschen. Da er keine hatte, drückte ich meine Knie gegen seine, bestellte drei Lagen Sliwowitz und drohte mit Vergeltung für den Beleidigungsfall, der einträte, wenn er nicht tränke. Obgleich der Herr weder dankbar noch kurzweilig war, sondern wortlos, bezahlte ich alles und begleitete ihn aus dem Lokal. In der Tür ließ ich meine Hand wie zufällig über eine Hinterbacke gleiten, um zu prüfen, ob die Gewebestruktur in Ordnung war. Da ich keine Mängel feststellen konnte, fragte ich den Herrn, ob er heute abend etwas vorhätte, und lud ihn ein ins Kino „International". Eine innere Anstrengung, die zunehmend sein hübsches Gesicht zeichnete, verzerrte es jetzt grimassenhaft, konnte die Verblüffung aber doch end-

---

[2] Alexanderplatz in Ostberlin

lich lösen und die Zunge, also daß der Herr sprach: „Hören Sie mal, Sie haben ja unerhörte Umgangsformen." – „Gewöhnliche", entgegnete ich, „Sie sind nur nichts Gutes gewöhnt, weil Sie keine Dame sind."

*(1974)*

## 11. Wolf Wondratschek: Aspirin

Sie hat ein schönes Gesicht. Sie hat schöne Haare. Sie hat schöne Hände. Sie möchte schönere Beine haben.

Sie machen Spaziergänge. Sie treten auf Holz. Sie liegt auf dem Rücken. Sie hört Radio. Sie zeigen auf Flugzeuge. Sie schweigen. Sie lachen. Sie lacht gern.

Sie wohnen nicht in der Stadt. Sie wissen, wie tief ein See sein kann.

Sie ist mager. Sie schreiben sich Briefe und schreiben, daß sie sich lieben. Sie ändert manchmal ihre Frisur.

Sie sprechen zwischen Vorfilm und Hauptfilm nicht miteinander. Sie streiten sich über Kleinigkeiten. Sie umarmen sich. Sie küssen sich. Sie leihen sich Schallplatten aus.

Sie lassen sich fotografieren. Sie denkt an Rom. Sie muß im Freibad schwören, mehr zu essen.

Sie schwitzen. Sie haben offene Münder. Sie gehen oft in Abenteuerfilme. Sie träumt oft davon. Sie stellt sich die Liebe vor. Sie probiert ihre erste Zigarette. Sie erzählen sich alles.

Sie hat Mühe, vor der Haustür normal zu bleiben. Sie wäscht sich mit kaltem Wasser. Sie kaufen Seife. Sie haben Geburtstag. Sie riechen an Blumen.

Sie wollen keine Geheimnisse voreinander haben. Sie trägt keine Strümpfe. Sie leiht sich eine Höhensonne. Sie gehen tanzen. Sie übertreiben. Sie spüren, daß sie übertreiben. Sie lieben Fotos. Sie sieht auf Fotos etwas älter aus.

Sie sagt nicht, daß sie sich viele Kinder wünscht.

Sie warten den ganzen Tag auf den Abend. Sie antworten gemeinsam. Sie fühlen sich wohl. Sie geben nach. Sie streift den Pullover über den Kopf. Sie öffnet den Rock.

Sie kauft Tabletten. Zum Glück gibt es Tabletten.

*(1969)*

## 12. Franz Hohler: Im Schlaf

Ich bin an einem großen Fest mit leicht schwüler Atmosphäre, sitze da und weiß, daß Ursula mit einem andern tanzt, und zwar völlig hingegeben und verliebt, was mich sehr unruhig macht. So nehme ich eine andere Frau, die mir gefällt und die irgendwie auf mich gewartet zu haben scheint, ziehe sie ostentativ auf die Tanzfläche und beginne mit ihr zu tanzen, aber Ursula und ihr Partner nehmen nicht die geringste Notiz davon.

Es kommen dann Zwischenstücke, ziemlich unklare, z.B. bin ich mit Ursula in einem Zimmer, da bringt die Post einen Stuhl von ihrem neuen Liebhaber, den sie sogleich aufstellt. Ein Telegramm trifft auch ein, aus einem Schloß, das man zum Fenster hinaus sieht, es ist ganz nah, höchstens fünf Minuten zu Fuß, aber die Nachricht kommt trotzdem telegraphisch.

Sozusagen gleichzeitig bin ich in meinem Elternhaus in der Mansarde und höre die Türe unten gehen. Ich stehe auf, erstaunt, weil ich annehme, die Eltern schlafen beide, es ist nachts drei Uhr, da kommt mein Vater die Treppe herauf, hat eine Glatze und irgendwelche grünlichroten Ausschläge oder Erhebungen am Kopf. Ich frage ihn, wo er gewesen sei, und er sagt, er hätte bei einem Theaterstück mitgespielt, ich weiß aber nicht mehr, bei welchem.

Dann wieder die Festatmosphäre mit der Trennung. Die ganze Gesellschaft ist jetzt auf einmal in einem Schiff, und jemand ruft uns zu, wir sollten draußen schauen, wir führen durch die Meerenge von Gibraltar. Ich kann das fast nicht glauben und gehe auf das Deck, sehe dort tatsächlich, wie sich die Uferlichter vorne in der Form der Gibraltarstraße verengen, halb ist es wie vom Flugzeug aus. Wir fahren aber darauf zu, und die Meerenge besteht aus einer zweiflügligen Wildwestschwingtüre, die von zwei clownhaften, abgerissenen Typen bewacht wird, einer steht in Tanger, der andere in Gibraltar. Wie das Schiff kommt, reißen sie die Türen johlend auf, winken und rufen uns etwas zu wie, jetzt seid ihr durch, und wir fahren durch die offenen Flügel, die sofort hinter uns zuschnellen. Ich denke, so, jetzt sind wir auf dem Meer draußen, doch plötzlich steigen wieder Berge auf, und zwar immer näher, links und rechts, und wir beginnen zu sinken, nicht unter die Oberfläche, sondern auf ihr, das ganze Meer geht steil abwärts, es wird finsterer, ab und zu sieht man noch einen Lichtfleck, aber es ist, als ob wir immer tiefer in ein Tal sänken, aus dem keine Rückkehr möglich ist. Der Schiffskoch gibt uns die Nahrung aus, eine Suppe war versprochen, es sind aber nur eine Art Nüsse. Das Schiff hält, wir dürfen es einen Moment verlassen, aber wo man aussteigt, ist alles schwarz, es gibt nichts zu sehen, und so steige ich rasch wieder ein. Beim Einsteigen sehe ich erst, daß das Schiff über dem Eingang eine längliche Holztafel hat, auf der die Inschrift steht „Way to Hell“, und darunter, wieder als geschnitzte Inschrift auf einer Holztafel, die, an zwei Kettchen befestigt, den Eingang versperrt, „Next Stop 1785“, plus eine genaue Ortsangabe, die ich nicht mehr weiß, ich glaube aber, sie hatte mit Frankreich zu tun.

Da wurde mir klar, daß wir jetzt auf dem Weg in die Hölle sind, daß wir immer weiter zurück in die Vergangenheit sinken werden, ohne daß wir diese Vergangenheit kennenlernen wollen, und daß ich Ursula irgendwo in der Menschenmenge des Riesenschiffes verloren habe, daß ich sie aber auch nicht suche, sondern daß alle Aktivität ausgelöscht ist durch eine dumpfe, nicht allzu schmerzhafte Beklemmung, und daß das schon die Hölle ist.

*(1975)*

## 13. Arnfried Astel: Allein

Beim Tischdecken
stelle ich immernoch
drei Teller auf den Tisch,
und abends beim Telefonieren
spreche ich leise,
um meinen Sohn nicht zu wecken.

*(1970)*

## 14. Bertolt Brecht: Wer kennt wen?

Herr Keuner befragte zwei Frauen über ihren Mann.

Die eine gab folgende Auskunft:

„Ich habe zwanzig Jahre mit ihm gelebt. Wir schliefen in einem Zimmer und auf einem Bett. Wir aßen die Mahlzeiten zusammen. Er erzählte mir alle seine Geschäfte. Ich lernte seine Eltern kennen und verkehrte mit allen seinen Freunden. Ich wußte alle seine Krankheiten, die er selber wußte, und einige mehr. Von allen, die ihn kennen, kenne ich ihn am besten."

„Kennst du ihn also?" fragte Herr Keuner.

„Ich kenne ihn."

Herr Keuner fragte noch eine andere Frau nach ihrem Mann. Die gab folgende Auskunft:

„Er kam oft längere Zeit nicht, und ich wußte nie, ob er wiederkommen würde. Seit einem Jahr ist er nicht mehr gekommen. Ich weiß nicht, ob er wiederkommen wird. Ich weiß nicht, ob er aus den guten Häusern kommt oder aus den Hafengassen. Es ist ein gutes Haus, in dem ich wohne. Ob er zu mir auch in ein schlechtes käme, wer weiß es? Er erzählt nichts, er spricht mit mir nur von *meinen* Angelegenheiten. Diese kennt er genau. Ich weiß was er sagt, weiß ich es? Wenn er kommt, hat er manchmal Hunger, manchmal aber ist er satt. Aber er ißt nicht immer, wenn er Hunger hat, und wenn er satt ist, lehnt er eine Mahlzeit nicht ab. Einmal kam er mit einer Wunde. Ich verband sie ihm. Einmal wurde er hereingetragen. Einmal jagte er alle Leute aus meinem Haus. Wenn ich ihn ‚dunkler Herr' nenne, lacht er und sagt: Was weg ist, ist dunkel, was aber da ist, ist hell. Manchmal aber wird er finster über dieser Anrede. Ich weiß nicht, ob ich ihn liebe. Ich . . ."

„Sprich nicht weiter", sagte Herr Keuner hastig. „Ich sehe, du kennst ihn. Mehr kennt kein Mensch einen andern als du ihn."

*(1963; entstanden 1929)*

# II. Fremd in einem anderen Land, fremd im eigenen Land

## 1. Deniz Çalişkan: Abschied

Ich sitze hier im Gras und beobachte den letzten schönen Sonnenuntergang am Marmarameer. Leise schlagen die Wellen gegen das Ufer. Von weit her höre ich Kinderstimmen und ein Radio, das türkische Musik spielt. Eigentlich liebe ich diese Atmosphäre und sollte überaus glücklich sein. Die Menschen, die Häuser, die kleinen Einkaufsläden, die Sprache, das weite, grenzenlose, blaue Meer und die hier fast weiß schimmernde Sonne. All diese Dinge sind ein Teil meiner selbst. Aber morgen werde ich die Dinge, die ich außer meiner Familie am meisten liebe, für ein ganzes Jahr aufgeben müssen. Ich werde meine Welt des Lichts gegen eine fremde Welt der Dämmerung eintauschen müssen. Ich spüre jetzt schon, wie von Minute zu Minute meine Heimat in Gedanken Stückchen für Stückchen von mir fortrückt. Immer häufiger muß ich an den mir bevorstehenden Abschied denken, bis der Gedanke an ihn in mir so fest verankert ist, daß ich ihn für eine unbestimmte, lange Zeit nicht mehr los werde. Wie eine Krankheit befallen Melancholie und Trauer meinen Geist.

Vor meinem geistigen Auge spielen sich wie ein Alptraum die mir bevorstehenden Morgenstunden ab: Koffer stehen gepackt vor dem Haus, Verwandte und Freunde kommen, um sich zu verabschieden. Die Atmosphäre scheint noch gelöst. Die Menschen lachen noch. Aber in Wirklichkeit hat es in ihren Herzen schon begonnen zu weinen. Das Lachen ist nur noch ein äußerer Schutz, ein letztes Festklammern an der heilen Welt und ein Hinausschieben des Unangenehmen. Ein Taxi fährt vor. Die ersten Tränen fangen an zu rollen. Man ist irgendwie gefühllos und hängt in der Schwebe. Man wird zum Schatten seiner selbst. Die Koffer werden im Taxi verstaut. Ein letztes Mal wirft man sich an den Hals der Großmutter, hält sie ganz fest, als hoffe man, sie könnte einen noch festhalten und vor der Welle schützen, die in die Ferne trägt. Die Welle aber ist stärker. Mechanisch setzt man sich zu den anderen ins Taxi und fährt zum Busbahnhof. Mit kalten Augen, die ins Nichts blicken, sieht man die letzten Bilder seines schönen Traums an sich vorbeifliegen. Man steigt aus, man steigt ein. Ohne es richtig wahrzunehmen, setzt man sich auf seinen Platz im Bus, zieht sich in die Isolation und Stille zurück, um die Trauer ertragen zu können. Im Laufe der drei Tage während der Fahrt nimmt das Leuchten der Sonne ab.

Es wird immer dunkler. Man hört kein Grillen der Heuschrecken und kein Wellenschlagen mehr, sondern nur noch leisen Regen, der unterbrochen wird von lauten Gewitter- und Sturmgeräuschen. Die Musik in der Ferne ist eine andere, das Lächeln der Menschen ist ein anderes, die Häuser und Läden sind anders. Kein Meer, keine Sonne. Lange, lange Zeit braucht man, damit diese Atmosphäre zur Gewohnheit und der Schmerz, fort zu sein, langsam schwächer wird. Aber er verschwindet nie.

Ich sehe nun, wie das letzte Stückchen Sonne hinter dem Horizont untergeht. Schleichend nähert sich die Dunkelheit. Die türkische Musik wird immer leiser, bis sie nicht mehr zu hören ist. Kinderstimmen verlieren sich in der Ferne. Die Zeit der Trauer, der Einsamkeit und Melancholie beginnt.

*(1984)*

## 2. Ali Çiraci[3]: Hoffnungslos?

Im jahr 1960 kommt ein junge in die welt, in einem Anatolischen stadt. Am schwarzen meer, Sinop/Ayancik Als 3 jahre alt war, ist seine Mutter Verstorben. Der junge hatte noch drei geschwisstern gehabt. Das war sehr Schwierig für der Vater wie die geschwisstern. Der Vater so lange geheiratett bis er die richtige Mutti zu seiner kindern gefunden hatte, als er 6jahr Alt war wurde er zu seiner stiffonkel nach karabük geschickt dort schickte ihn sein onkel in einer Religion schule. Nach einem jahr Kommt er nach hause in die ortschaft. Als er 7 jahr Alt war wurde er in die Türkische Volksschule geschickt. Er besuchte mit seiner anderen geschwisstern die Schule bis zum 5te klasse, er konnte die Schulabschluß nicht bekommen weil seine Eltern vor drei jahren im Jahr 1970 nach Deutschland verreist sind. Mit einer Einladung der firmen. Im jahr 1972 holten die eltern die kindern nach Deutschland. Obwohl der junge sein land nicht verlassen wollte, weil er sein schulabschluß nicht hatte und wusste nicht wie die menschen in Europa sind. Als die famielie nach deutschland angekommen war. find er die menschen nett wie jeder andere. Aber er hatte nun einen sehr schwierigen kummer

3 Anmerkung von Irmgard Ackermann, der Herausgeberin des Buchs ‚Türken deutscher Sprache' (München 1984, S. 93), dem dieser Text entnommen ist: Der Text von Ali Çiraci nimmt (zusammen mit einem anderen) „von der Sprachgebung her im Rahmen dieses Buches einen Sonderplatz ein: während alle anderen Texte nur normaler redaktioneller Überarbeitung bedurften, wobei der Ausdruck nicht geändert wurde, hätten diese beiden Texte eine so intensive Bearbeitung erfordert, daß die eigenständige Ausdruckskraft viel von ihrem besonderen Reiz verloren hätte. Im Einverständnis mit den beiden Autoren entschied die Herausgeberin daher, diese beiden Texte ohne jeden Eingriff zu veröffentlichen, da sie trotz ihrer Fehler ein reiches Ausdrucksinstrumentarium entfalten und in ihrer Unmittelbarkeit sehr direkt auch die Ausdruckssuche und Ausdrucksnot vermitteln. Sie machen auch deutlich, daß Ausdrucksfähigkeit nicht unbedingt von der Korrektheit abhängt, daß die ‚Türken deutscher Sprache' auf unterschiedlichem Ausdrucksniveau angesiedelt sind, und können vielleicht andere Landsleute ermutigen, ihre Eindrücke und Erfahrungen in deutscher Sprache festzuhalten und somit für Deutsche zugänglich zu machen."

Heimatsweh und deutsch Sprachschwierigkeiten nach der Deutsch schule erst nach einem jahr begreift er die deutsch kenntnisse, Dann besuchte er die 5te klasse bis ende der 6te klasse er wurde Entlassen weil er schon 15 jahr alt war, er könnte aber nichts dafür das er 15 jahre alt war, er wollte weiter in die schule aber es gelinkt ihm nicht weil sein schulbeamten die Abgangszeugnisse schon geschtellt haben, sein noten waren nicht so schlecht und sein Eltern waren nicht zufrieden mit der Entlassung. aber er findet sich einen lehrstelle dass er 5mal im monat berufsschule besuchen kann und restliche tagen im Kfz werkstatt als lehrling arbeiten könnte. Lehrgang dauerte 2½ er war ende der lehrgang im klasse 3 aber er sollte noch halbe jahr in die schule und in die werkstatt dann wâr er bereit zum gesellenprüfung aber es gelinkt ihm nicht er wurde vor halbe jahr enttlassen ohne gründe er könnte nichts dagegen tun weil er die gesetze nicht wusste zuletzt fühlte er sich geschtört. er suchte sich lehrstellen als kfz lehrling findet er sich nichts. Er wollte nach hause in seiner heimat es gelinkt ihm nicht weil er dort auch fremd geworden wâre. aber er findet sich ein arbeitsplatz als arbeiter wie jeder andere. Er arbeitet 3 Monat ... Erst nach drei monatiger zeit wird er als Betribs ausfahrer eingestellt er arbeitet 8 bis 12 std im tag drei jahre lang bis er mal krank war, dann musste er in die krankenhaus zum Operatsion als er nach 4–5 wochen Arbeitsplatz eintretete wurde ihm ein anderer akkord arbeit gegeben, mit sehr niedrigem lohn wie vorher die Leiden von operatsion die haß von deutschen gegen Ausländer im Arbeitsplatz in der straße brachte ihm ganz ganz durcheinander er fühlte sich seelisch Krank moralisch unter null grad. aber er kann trotzdem nicht aufgeben, er wird jetzt inder woche zwei mal vom medizinern behandelt wegen körper nerven inveksion. er versteht aber nicht. Als er nach Deutschland kam haben die nette menschen seiner rücken geschreihelt und „O junge ihr seit nette menschen" und heute auf die gleiche rücken böse geredet wird und steine geschossen wird. Er meint immer noch „Ich lebe hoffnungslos in zwei Ländern".

*(1984)*

## 3. B. Traven: Der Wachtposten

In einem Bergwerk in Chihuahua meldete eines Morgens der Vorarbeiter, ein Mestize, dem diensthabenden Ingenieur, daß in einem Hauptstollen ‚etwas im Gange sei'.

An der Decke des Stollens, so berichtete der Vorarbeiter, befände sich ein gewaltiger Stein, dessen Gewicht schätzungsweise zehn Tonnen habe. Rund um diesen Stein beginne, so war die Meinung, seit einigen Stunden Sand und Kleinkiesel herunterzuregnen, ein sicheres Zeichen, daß der Stein am Lösen sei und bald kommen dürfte, was in einer Stunde, vielleicht aber auch erst in sechs Tagen geschehen könnte, so genau ließe sich der Zeitpunkt nicht bestimmen.

Zahlreiche Arbeiter hatten diesen Stollen zu begehen, und weil der Ingenieur deren Leben nicht aufs Spiel setzen wollte, rief er einen indianischen Bergarbeiter herbei und sagte zu ihm: „Sehen Sie den Stein dort, Augustin?"

„Natürlich sehe ich ihn, ich bin doch nicht blind, Señor."

„Gut, dieser Stein ist los und wird bald herunterkommen."

„Kein Wunder, wenn er los ist; man sieht ja bereits, wie es bröckelt."

„Wenn der Stein herunterkommt, und es ist gerade zufällig jemand darunter, dann ist er breitgequetscht wie eine Tortilla."

„Das ist doch mal bombensicher, Señor. So schlau bin ich selbst."

„Gut. Ich stelle Sie jetzt hier als Wachtposten auf. Sie haben nichts weiter zu tun, als jeden Mann, der hier drunter hergehen will, auf die Gefahr aufmerksam zu machen und ihn durch den Stollen 14 zu schicken, ihm jedenfalls nicht zu erlauben, daß er diesen Stollen benutzt. Sie sehen ein, wie gefährlich dieser Stollen ist."

„Das sehe ich, man kann es ja schon riechen, Señor."

Eine Stunde später ging der Ingenieur die Stollen ab, und auf seinem Wege kam er auch zu dem Gefahrstollen.

Der Wachtposten saß mitten unter dem losen Stein, rauchte gemütlich seine Zigarette und war die Seligkeit selbst, daß er einen so angenehmen Posten gefunden hatte, wo er nichts zu tun brauchte. Pflichtgemäß berichtete er dem Ingenieur, daß er jedem untersage, hier unter dem Stein durchzugehen, weil der Stein jeden Augenblick kommen könne, und es sei auch noch keiner darunter hergegangen, seit er hier hergesetzt worden sei, um aufzupassen, der Señor Ingenieur könne sich auf ihn durchaus verlassen.

„Ich würde mich an Ihrer Stelle aber nicht gerade mitten unter den losen Stein setzen", riet der Ingenieur, „der Platz ist keineswegs zu empfehlen."

„Warum, Señor?" sagte der Mann. „Lassen Sie das nur meine Sorge sein, wo ich sitze. Dieser Platz ist sehr bequem für mich. Ich brauche mich dann nicht so anzustrengen, brauche nicht so sehr zu schreien, habe es nach jeder Seite hin gleich weit und kann so ohne große Mühe am besten verhindern, daß nicht doch jemand hier drunter herzugehen versucht. Denn es ist sehr gefährlich, Señor, wenn da gerade jemand drunter wäre, wenn der Stein kommt."

Dabei drehte er sich seelenruhig eine neue Zigarette und zündete sie mit großem Behagen an.

Vier Stunden später war der Mann zermalmt. Alles, was man seiner Frau von seinen sterblichen Überresten bringen konnte, war die Sandale seines linken Fußes, der unter dem Steinkoloß hervorlugte.

*(1928)*

## 4. Mira Lobe: Es gibt Gesetze

*(Südafrika)*
Die Bremsen kreischten, der Aufprall erfolgte unmittelbar danach. Glas splitterte. Scharfkantiges Blech zackte in die Luft. Der graue Ford stellte sich quer, der Kühler war zusammengedrückt. Die rechte Vordertür sprang auf, und ein Mann fiel heraus, lag blutend und bewußtlos auf der Straße.

Fast unversehrt schien der Lastwagen, in den der Ford mit überhöhter Geschwindigkeit hineingefahren war: ein zerbeulter Kotflügel, ein zertrümmerter Scheinwerfer – das zählte nicht. Der schwarze Lenker kletterte von seinem hohen Sitz und lief zu dem Verunglückten. Am Straßenrand sammelten sich die Zuschauer.

„Ihr habt es gesehen ...“ keuchte der Fahrer. „Ich bin nicht schuld.“ Er beugte sich über den Bewußtlosen.

„Nicht anrühren!“ rief eine Frau. „Man muß die Ambulanz holen. Und die Polizei.“

Die Frau war hellhäutig und hatte einen fremden Akzent – eine Europäerin vielleicht.

Am Rückfenster des grauen Fords tauchte ein kleines, verschrecktes Gesicht auf.

„Ein Kind!“ rief die fremde Frau. „Da ist ja ein Kind drin ...“ Sie rannte über die Straße und versuchte die Tür zu öffnen. Sie klemmte. Das Kind trommelte mit den Fäusten gegen die Scheibe. Die Augen waren weit aufgerissen, der Mund stand offen, schrie tonlos, brachte keinen Laut heraus.

Der schwarze Fahrer packte den Türgriff. An seinen Schläfen traten dick die Adern hervor. Er stemmte die Tür gewaltsam auf.

Die fremde Frau wollte das Kind zum Straßenrand führen. Sie legte den Arm um seine Schultern, aber das Kind widersetzte sich. Es blieb stehen und starrte auf den Mann am Boden.

Von weitem hörte man das Folgetonhorn des Polizeiautos. Gleichzeitig traf mit blinkendem Blaulicht der Ambulanzwagen ein. Drei schwarze Sanitäter sprangen heraus, ein älterer Grauhaariger und zwei jüngere. Sie rannten mit der Tragbahre auf den Verunglückten zu und blieben mitten im Lauf ruckartig stehen wie angepflockt. Ihre Arme sanken herab.

„Beeilt euch doch!“ rief die fremde Frau.

„Wir dürfen nicht.“ Der Grauhaarige schüttelte den Kopf. „Eine schwarze Ambulanz darf keinen Weißen mitnehmen. So wie eine weiße Ambulanz keinen Schwarzen mitnimmt.“

„Aber er verblutet!“ rief die Frau.

„Bitte“, sagte das Kind flehentlich. „Bitte bringt meinen Daddy ins Spital.“

„Wir dürfen nicht. Das Gesetz verbietet es.“

Aus dem Polizeiwagen stiegen zwei Polizisten.

„Was für ein Gesetz?“ fragte die Frau. „Ich verstehe nicht.“

„Euer weißes Gesetz.“

„He, nicht frech werden, Schwarzer!“ warnte der eine Polizist. Er betrachtete den zerdrückten Wagen, den Mann auf der Straße, die Frau und das Kind.

Die Menschenmenge wurde dichter.

Ein Mann schimpfte. „Diese verdammten Nigger! Jawohl, es gibt Gesetze! Das fehlte noch: ein Weißer im schwarzen Krankenhaus! Gott sei Dank, daß es Gesetze gibt.“

Die fremde Frau sagte: „Mit Gott hat das nichts zu tun.“

Die schwarzen Sanitäter stiegen in den Ambulanzwagen.

Das Kind weinte.

*(1979)*

## 5. Josianne Maas: Konsequenz

Wie bitte, ob ich was bin? Gegen die Rassentrennung?

Natürlich bin ich gegen die Rassentrennung. Was können denn diese armen Menschen dafür, daß sie eine andere Hautfarbe haben? Es muß endlich mal Schluß gemacht werden mit der Diskriminierung!

Aber selbstverständlich bekommen Sie meine Unterschrift. Man muß doch schließlich beweisen, daß man tolerant ist. Also ich habe gar nichts gegen Neger. Vor Gott sind alle Menschen gleich.

Rassenkrawalle in Chikago? Also wissen Sie, ich verstehe ja die Amerikaner nicht. Haben doch eine Demokratie. Sollen den Negern doch endlich die Gleichberechtigung geben. Sind ja schließlich auch Menschen.

Wenn einer zu mir an die Tür kommt? Na, hören Sie mal! Man hat doch ein Herz für diese armen Teufel. Erst gestern war noch einer hier. Ein ganz Schwarzer, sage ich Ihnen. Sowas von schwarz! Zuerst habe ich mich ja ein bißchen erschrocken, als ich die Tür aufmachte und er plötzlich vor mir stand. Aber er war sehr nett. Wollte Zeitungen verkaufen. Eigentlich kaufe ich ja grundsätzlich nicht an der Tür. Aber in diesem Fall ... Da macht man natürlich eine Ausnahme. Er sollte ja auch nicht denken ...

Sicher, ich habe ihm die Hand gegeben. Na ja, ein etwas komisches Gefühl war das ja. Ich habe mir auch gleich hinterher die Hände gewasch ...

Aber das tut man ja sonst auch.

Wie bitte?

Ob ich etwas dagegen hätte, wenn meine Tochter ... mit einem Neger? Sie, werden Sie nicht unverschämt. Meine Tochter ist ein anständiges Mädchen. Die tut sowas nicht!

*(1969)*

## 6. Weibliche Beschneidung

Eine berufstätige Frau aus Mali mit einem französischen akademischen Grad berichtet:

„Der Brauch der Infibulation[4] und Exzision[5] ist in unserer Gesellschaft tief verwurzelt. Trotzdem sind die jungen Frauen und Mädchen dagegen in Opposition, die älteren Leute sträuben sich gegen jede Veränderung. Was in meiner Familie geschah, zeigt das.

Nachdem mir aller Kummer und Schwierigkeiten bewußt wurden, die genitale Eingriffe nach sich ziehen, entschieden mein Mann und ich, daß wir nicht erlauben würden, unsere Kinder zu exzidieren oder zu infibulieren. Meine Kinder wurden in Frankreich geboren, wo sowohl mein Mann wie ich unsere Studien beendeten. Als wir nach Mali zurückkehrten, war meine Mutter die erste, die fragte, ob ich die Mädchen exzidiert und infibuliert hätte. Ich sagte nein und daß ich nicht die Absicht hätte, es zu tun, und daß ich dagegen sei.

Während ihrer Ferien, und nachdem ich eine Arbeit gefunden hatte, ließ ich meine Kinder oft bei meinen Eltern und holte sie nur am Wochenende. Eines Tages, als ich von der Arbeit heimkam, ging ich an ihrem Haus vorüber, um die Kinder zu begrüßen, aber ich sah sie nicht. So fragte ich meine Mutter: ‚Wo sind sie?' ‚Oh, sie sind im Schlafzimmer', sagte sie. Ich ging ins Schlafzimmer. Sie lagen auf dem Boden, auf Strohmatten. Ihre geschwollenen Augen und Gesichter ließen mir den Atem stocken und ich schrie: ‚Was ist mit meinen Kindern geschehen?' Aber bevor sie antworten konnten, sagte meine Mutter: ‚Kümmere Dich nicht um *meine* kleinen Mädchen. Ich habe sie heute morgen exzidiert und infibuliert.' Ich kann nicht sagen, was ich in diesem Moment fühlte. Was konnte ich gegen meine Mutter tun? Ich fühlte die Empörung in mir aufsteigen, aber ich war hilflos ihr gegenüber. Meine erste

---

4 Verschließung der Geschlechtsteile zur Verhinderung des Geschlechtsverkehrs

5 Beschneidung

Reaktion war zu weinen. Sie sagte: ‚Du solltest sehr glücklich sein. Alles verlief ganz glatt bei den Mädchen.' Um nicht respektlos zu werden, was in unserer Umgebung in Mali sehr schlecht aufgenommen wird, und ihr zu sagen, was ich von ihrer Tat hielt, verließ ich schnell das Haus.

Wie viele afrikanische Frauen bewies mir meine Mutter, daß sie nicht nur alle Rechte über mich hatte, sondern auch über meine Kinder – *ihre* Kinder, wie sie gesagt hatte. Ich glaube, nichts kann getan werden, bis sich nicht die Frauen, die betroffen sind, organisieren und offen ihre Einwände gegen diese Bräuche besprechen."

Awa Thiam faßt zusammen:

„In Mali, wo die meisten Frauen heute exzidiert sind, wird auch die Infibulation jetzt noch praktiziert, obgleich weniger häufig. Dieselben speziellen Operateure führen beide Eingriffe aus – ohne viel Umstände. Die westafrikanischen Moslemführer geben der Operation religiöse Unterstützung."

*(1979)*

## 7. Gespräch mit Tüley

Tüley erzählt: Ich bin Türkin und lebe mit meinen Eltern seit sechs Jahren in Deutschland. Als wir hierherkamen, war ich acht Jahre alt. Komisch war am Anfang alles: die Leute, die in einer fremden Sprache redeten und sich hinter verschlossenen Türen und Gardinen versteckten. Die großen Supermärkte, in denen ich angemeckert wurde, wenn ich das Obst oder Gemüse aus der Plastikverpackung nahm, um zu fühlen, ob es noch frisch ist. Und meine Klassenkameradinnen, die in Jeans und kurzen Röcken laut lachten, wenn Jungen vorbeikamen, anstatt ihren Blick auf den Boden zu richten.

Meine Eltern sind immer ganz sicher, daß wir eines Tages in die Türkei zurückkehren. Ich glaube nicht mehr daran. Auch wenn ich manchmal Heimweh bekomme, weil ich mich in diesem Land immer noch fremd fühle. Manchmal bin ich ganz durcheinander. Und dann wünsche ich mir jemanden, mit dem ich über alles reden kann, was mich bedrückt. Mit meinen Eltern geht das nur bis zu einem gewissen Punkt. Sie haben zwar mittlerweile begriffen, daß ich mich auch so anziehe wie meine Klassenkameradinnen und nicht mehr mit Kopftuch herumlaufe und Rock und Pumphose darunter. Aber wenn ich, wie die anderen Mädchen auch, zu einer Fete oder ins Kino oder ins Schwimmbad gehen will, lassen sie sich nicht erweichen. Dann kommt die alte Leier mit der Rückkehr in die Türkei und daß ich keinen Mann mehr abbekomme, wenn es herauskommt, wo und wie ich mich überall herumgetrieben habe. In solchen Situationen wiederholt mein Vater dann regelmäßig die Geschichte aus unserem Dorf in der Türkei, wo ein Mädchen Selbstmord begangen hat, weil sie beim Überqueren eines Baches ihre Pumphose verloren hat und dabei von einem Jungen gesehen wurde.

Vater ist mit seinen Ansichten, was sich für ein Mädchen gehört, unerbittlich. Wenn wir uns streiten, ist Mutter meistens dabei und schweigt. Vielleicht kann sie ein bißchen verstehen, was in mir vorgeht, aber sie hat Angst vor Vater und würde es nie wagen, sich auf meine Seite zu stellen.

Zum Glück gibt es noch Sabine, mit der ich seit drei Jahren in dieselbe Klasse gehe und mit der ich auch befreundet bin. Ich kann ihr fast alles erzählen, nur durch das Reden allein kann ich ihr auch nicht begreiflich machen, was in unserer Familie los ist. Ganz oft, wenn wir zusammen irgendwo hingehen wollen, müssen wir es heimlich tun. Aber wenn dann noch Jungen dabei sind, habe ich eine Riesenangst, daß ich von irgend jemandem gesehen werde. Einmal, nachmittags in der Eisdiele, in der wir mit zwei Jungen unserer Klasse saßen, kam ein Freund meines Bruders vorbei. Er sah mich nur böse an, drehte sich auf der Stelle um und ging wieder weg. Als ich eine halbe Stunde später nach Hause kam, schrie mich mein Vater wütend an, seiner Ohrfeige konnte ich nicht mehr ausweichen, weil mich mein Bruder festhielt und laut brüllte, daß er keine Schwester haben wollte, wegen der er sich schämen müsse. Stunden später wußten fast alle unsere Nachbarn, was passiert war, und die anderen türkischen Eltern warnten ihre Töchter vor dem Umgang mit mir.

Ich begreife manchmal selber nicht, wozu das ganze Theater stattfindet. Wie soll ich es also meinen deutschen Freundinnen und Freunden erklären? Was soll ich Dieter sagen, der auch in meiner Klasse ist und den ich sehr nett finde? Bis jetzt hat er mir immer geduldig zugehört, wenn ich ihm erzählt habe, warum meine Eltern mich nicht mit ihm allein lassen. Aber ein paarmal hat er in letzter Zeit auch darauf bestanden, daß wir wenigstens mal zusammen ins Kino gehen, und hat mich als feige bezeichnet, wenn ich es nicht schaffe, einfach abzuhauen. Wenn das so weitergeht, verliert er ganz bestimmt bald sein Interesse an mir. Und die Gefühle, die ich für ihn habe, muß ich auch ganz gewaltsam hinunterschlucken, denn ich habe unendliche Angst davor, daß aus der Freundschaft mehr werden kann, daß ich eines Tages vielleicht sogar mit ihm schlafe. Dabei wird mein Bauch ganz warm, wenn ich daran denke, und für kurze Zeit gelingt es mir manchmal auch, die lästigen Gedanken fortzuscheuchen, die sich mit dem Kribbeln im Bauch gleichzeitig einstellen.

In der Türkei – auf dem Land – ist das nämlich so: ein

Mädchen wird nur geheiratet, wenn es noch Jungfrau ist. Und weil die Männer das Recht haben, das auch nachzuprüfen, muß das Mädchen in der Hochzeitsnacht mit dem Bräutigam auf einem weißen Bettuch schlafen. Am nächsten Morgen wird das Bettuch ausgehängt, und die Verwandten können sich davon überzeugen, ob das Mädchen noch Jungfrau war oder nicht. Ist auf dem Bettuch ein roter Fleck, wird sie gefeiert und in die Familie des Mannes aufgenommen. Hat die Hochzeitsnacht keine Blutspuren hinterlassen, wird sie mit Schimpf und Schande davongejagt und von den anderen verachtet.

Auch wenn ich nicht mehr daran glaube, daß wir in die Türkei zurückkehren und ich in eine solche Situation kommen könnte: die Angst davor, mit einem Jungen zu schlafen, sitzt tief in mir. Wenn meine Eltern besonders sauer auf mich sind, drohen sie mir damit, daß sie in der Türkei schon einen Bräutigam für mich ausgesucht haben und daß mir nichts übrigbleiben wird, als einen Jungen zu heiraten, den ich bislang kein einziges Mal gesehen habe. Ich werde dann jedesmal fuchsteufelswild, aber gleichzeitig fühle ich mich total allein und wünsche mich auf den Mond, wo es keine Regeln gibt, die einem das Leben schwermachen.

*(1984)*

## 8. Sibylle Rapp: Das rote Spielzeugauto

Ich ärgerte mich das erste Mal in meinem Leben, kurz nachdem ich das Licht dieser Welt in Form einer Neonlampe erblickt und der Arzt meiner Mutter mit freundlichem Lächeln mitgeteilt hatte, daß ihr Drittgeborenes ein Mädchen sei. Mein Ohr war hellwach. Wenn es auch klein, geknickt, verklebt und allenfalls als niedlich zu bezeichnen war, nahm es dennoch jene für mich so wichtige Parole auf. Da ich meinen Chromosomensatz nicht rückgängig machen konnte, beschloß ich, die Hindernisse, die durch mein Geschlecht bedingt sind, sanft, aber mit Nachdruck aus dem Wege zu räumen.

Meine ersten Räumungsarbeiten begann ich mit zwei Jahren, indem ich meine Puppe aus dem Fenster schmiß, um mit dem kleinen roten Auto meines Bruders zu spielen. Zu meiner Verwunderung gefiel meinem Bruder die arme mißhandelte Puppe mit den blauen Kulleraugen und dem seidigen Haar so sehr, daß er sie zwecks weiterer Verwendung wieder in das Kinderzimmer einschleuste.

Da die altmodische Vorstellung, daß Mädchen Hausarbeit verrichten mußten, weil Jungen sie weder bewältigen möchten noch können, schon von meiner älteren Schwester mit überzeugenden Gegenargumenten bei uns zu Hause vernichtet worden war, hatte ich dort in dieser Beziehung keine Schwierigkeiten. Die gab es dafür in der Schule, als z.B. unser Chemielehrer beim Wasserkochen – nicht aus Provokation, sondern aus Überzeugung heraus – verkündete, daß jetzt besonders die Mädchen aufpassen sollten, damit sie später die nötigen Voraussetzungen zum Kaffeekochen besäßen. Dann wurde uns im Sozialkundeunterricht beigebracht, daß in Artikel 3 der Grundrechte steht: „Gleichheit aller vor dem Gesetz – Gleichberechtigung der Frau."

Dies wirkte auf mich natürlich sehr überzeugend, besonders nachdem ich ein Berufsinformationsheftchen über das Auswärtige Amt gelesen hatte, in dem unter anderem stand, daß eine Frau kaum Chancen hat, angenommen zu werden.

Nachdem ich mit Erfolg mein Abitur bestanden hatte und vom Auswärtigen Amt trotz überzeugender Leistungen abgewiesen worden war (mit dem Argument, daß sich eine kostspielige Ausbildung nicht lohnt, weil ich eines Tages heiraten, Kinder kriegen und dann bis ans Lebensende an den Kochtopf gefesselt sein werde), entschied ich mich für eine Banklehre, an die ich noch das Betriebswirtschaftsstudium anhängte.

Ich wurde sofort nach dem mündlichen Vorstellungsgespräch und dem Vorzeigen meiner mehr als zufriedenstellenden Zeugnisse und Examina bei einer bekannten Firma angenommen, doch erhielt ich nach vielen Jahren Arbeit und trotz andauernder Bemühungen nie eine führende Position, da sich das psychologisch ungünstig auf das Betriebsklima auswirken würde. Außerdem hat ein Mann keinen Respekt vor einem weiblichen Vorgesetzten.

So blieb mir eines Tages doch nichts anderes übrig, als zu heiraten, Kinder zu kriegen und mir vor dem Kochtopf zu überlegen, warum unser Staat so stolz auf seine Grundrechte ist.

Aber warum sollte ich mich beschweren? Uns geht es finanziell gut, meine Kinder und mein Mann lieben mich, und Putzen, Einkaufen usw. sind doch sehr ausfüllende und befriedigende Beschäftigungen.

Und wenn ich meinen sonntäglichen Besuch bei meinen Eltern antrete und ihnen stolz erzähle, zu was ich es gebracht habe, erzählen sie mir zum hunderteinundfünfzigsten Mal die Geschichte von dem roten Spielzeugauto meines Bruders.

*(1979)*

# III. Das Morgen im Heute. Oder: Die Zukunft ist schon jetzt da

## 1. Wolfdietrich Schnurre: Kaffeetrinken am Stadtrand

Vor mir thront duftend der Kuchen; ich habe den Schlafrock an, die Füße stecken wohlig in den wattierten Pantoffeln. Es ist Sonntag, im Garten summen die Bienen. Ich stemme den Rücken behaglich gegen die wärmende Wand meiner Laube, schmauche die Pfeife und blicke versonnen den Rauchschwaden nach, die blau in den Wipfeln verwehen. Hier ist der Frieden, die Blattmauern rings lassen keinen Blick zu den Ruinen hinaus; nur das Rattern des Krans dringt herüber, der die Trümmer auf Lastwagen lädt.

Ich falte die Hände und schaue auf mein heckenumfriedetes Eiland; hier das Beet mit den Malven, da die Radieschen, dort Kresse, da Kohl, alles blüht und gedeiht wie im Eden; es ist ein Genuß, es so wachsen zu sehen. Ja, ja, denke ich, diesmal hast du's geschafft; die Laube ist fertig, das Sofa bezogen, auch die Kürbisse kommen. Da ist ein Krachen zu hören, die Sonne wird schwarz, die Laube wankt, ich halte den Kaffeetisch fest und starre nach oben. Dort bricht der Kran durch die Zweige; er hat den Stahlhals in meinen Garten gereckt und sinkt langsam tiefer an einer klirrenden Kette.

*(1959)*

## 2. Andreas Puchta: Herrlich, dieser Frühling 2000

Herrlich, dieser Frühling 2000. „Komm", sage ich zu meinem Sohn Karlchen, „komm, wir fahren in die Toskana."

Und dann erzähle ich ihm von dieser wunderschönen italienischen Landschaft, in die meine Eltern, als ich noch klein war, oft mit mir gefahren sind. Ich erzähle ihm von den breiten, gelben Stränden und den vielen glänzenden Muscheln. Ich zeige ihm die Alabastervasen und das Aquarell mit einem Haus zwischen Ölbäumen.

Wie erwartet, ist Karlchen Feuer und Flamme. Schnell und sicher erreichen wir über die Leitschiene den Stadtring München, fahren unter den Alpen hindurch und gelangen bei Bozen wieder ans Tageslicht. Weiter durch die Poebene, über den Stadtring Florenz – Bologna an die Küste.

Unterwegs komme ich wieder ins Schwärmen. Ich erzähle Karlchen von dem Hotelier mit seinen appetitlichen Fischgerichten, vom Strand mit den netten Leuten, bei denen man Sonnenschirme mietet, von Hügeln, Wasser und Sand.

Beim Stadtring Lucca – Pisa endet der Leitstrahl. Von weitem sieht man die Betonrekonstruktion des Schiefen Turmes von Pisa. Beinahe wäre ich am Ort Lido di Camaiore vorbeigefahren. Alles hat sich so sehr verändert. Die Pinienwälder sind abgeholzt, die Straße führt an den neuen Sonnenkraftwerken vorbei, die man nach dem von den europäischen Ländern verlorenen Ölkrieg 1988 angelegt hat.

Nachdem ich unser Solarmobil geparkt habe, gehen wir durch die Desinfektionsschleuse ins Hotel Villa Iolanda. Ich schiebe meine Erkennungskarte in den Schlitz neben dem Lift. Ein Computer wirft Sekunden später die Karte und den Zimmerstift aus.

„Wo ist der dicke Hotelmann?" jammert Karlchen.

„Der kommt schon noch", antworte ich, obwohl ich gar nicht mehr so sicher bin. Der Lift bringt uns elektronisch gesteuert nach oben, ich stecke den Zimmerstift in den Knopf, die Tür öffnet sich, die Klimaanlage schaltet sich ein, die automatischen Helligkeitsregler vor den Fenstern werfen blaues Licht auf die Kombiliegen, die im Stil der siebziger Jahre weiß bezogen sind. Auf einem Fernsehschirm erscheint in Farbe und natürlich dreidimensional mit Duftstoffen blaue Meeresbrandung.

Unsere Travel-boxes kommen auf einem ferngesteuerten Carry-Mobil ins Zimmer. Nach einigem Knopfdrücken haben wir unsere frische Kleidung zusammengestellt. Karlchen will gleich zum Strand und die Muscheln anschauen. Ich kann ihn gerade noch überzeugen, daß das Abendessen jetzt wirklich wichtiger ist: „Du wirst sehen, Herr Barbini zerlegt den Fisch ganz wunderbar am Tisch, und alle Gäste klatschen Beifall."

Mit dem Lift gelangen wir in den Speisebereich. Durch eine altmodische Kabelsprechanlage wird das Essen bestellt. Karlchen will den zerlegten Fisch haben. Ich natürlich auch. Und Minestrone und Erdbeeren mit Eis.

Piepend bringt der Servierwagen die Suppe. Hervorragendes heißes Salzwasser mit gefärbtem Gemüsemehl. Der piepende Servierwagen saugt die Plastiknäpfe ein. Niemand spricht im Speisesaal. Übrigens hat auch vorhin niemand Karlchens Gruß erwidert.

Der Fisch kommt angepiept. Glänzende Blechschüsseln mit Plastikverschluß zum Aufreißen. „Ich will den dicken Hotelmann und den Fisch sehen!" brüllt Karlchen. Pikierte und angewiderte Blicke treffen meinen Sohn und mich. Ein Kind. In dieser Zeit! Und auch noch vorlaut! Aber auch ich will diese Aufreißbüchsen nicht. Ich will frischen, dampfenden Fisch. Ich will einen dicken Wirt, der den Fisch zerlegt und der sich freut, daß man gekommen ist.

Piepend werden die Fischnäpfe weggesaugt. Ein Hund jault. „Süß!" Das erste Wort, das gesprochen wird. Ich werfe den automatischen Salzportionierer weg, packe meinen Sohn und renne zum Strand.

Zum Strand. Aber wo ist der Strand? Mein schöner, gelber, weicher Strand. Karlchen will die Muscheln sehen.

Fassungslos blicke ich über die betonierte Fläche. Beton. Nur Beton. Danach ein ebener Wasserstreifen.

„Was ist das?" frage ich eine Frau, die den Beton kehrt.

„Unser Strand. Unser Meer!"

Das gibt es nicht! Ich schüttele Karlchen. „Karlchen! Was siehst du?"

„Ich will die Muscheln sehn. Hier ist es ja wie auf der Mobilbahn bei uns!“

Ich suche die Stelle, wo ich früher mit meinen Eltern immer gesessen habe, in der hellen Sonne, vor blauem Meer, auf weichem Sand. Da haben uns die Leute jedes Jahr umarmt, wenn wir ankamen, und gesagt, daß ich so groß geworden sei, und haben mich mit Kuchen gefüttert. „Gioia“ hieß der Strandabschnitt, „Freude“. Ich frage danach. Achselzucken. Dann Erinnerung. „Das hat jetzt die Nummer 345 – LDC. Automatic Restaurant, Swimming Pool, Solarium.“

„Wozu das alles? Hier gibt es doch Wasser, hier ist doch auch Sonne.“

„Die Schwefelwolken des Industriezentrums Genua sind zwischen uns und der Sonne. Und das Meer ... das war einmal zum Baden gut. Haben Sie nichts von den 1984 geplatzten Öltankern gehört?“

Eine Hoffnung habe ich noch: das Hinterland.

Die staubige Piste führt uns durch die allerletzten Marmorbrüche von Carrara. „Als die heutige Region Amerika noch ihre eigene Regierung hatte, wurde das Weiße Haus in Washington mit diesem Marmor verkleidet“, erkläre ich Karlchen.

Da ist die Hütte, in der wir die Alabastervasen gekauft haben. Die alte Frau, jetzt noch mal um fünfundzwanzig Jahre älter, sitzt noch davor. Noch immer duftet der Rosmarin am Abhang. Auch eine Pinie steht noch da, zwei, drei Ölbäume in einer Wiese mit Hahnenfuß und Löwenzahn. Eine Idylle. Karlchen ist stumm. So hatte ich alles in Erinnerung. Eine Zikade zirpt.

Die alte Frau steht auf und kommt zu uns herüber. Sie gibt uns die Hand und sagt: „Morgen werde ich nicht mehr da sein. Der Marmor hier ist an das Naturhistorische Museum in Florenz verkauft.“

Karlchen heult und hört erst wieder auf, als ich ihm verspreche, daß wir den nächsten Urlaub daheim verbringen werden.

*(1979)*

## 3. Franz Hohler: Der Verkäufer und der Elch

Kennt ihr das Sprichwort „Dem Elch eine Gasmaske verkaufen“?

Das sagt man in Schweden von jemandem, der sehr tüchtig ist, und ich möchte jetzt erzählen, wie es zu diesem Sprichwort gekommen ist.

Es gab einmal einen Verkäufer, der war dafür berühmt, daß er allen alles verkaufen konnte.

Er hatte schon einem Zahnarzt eine Zahnbürste verkauft, einem Bäcker ein Brot und einem Obstbauern eine Kiste Äpfel.

„Ein wirklich guter Verkäufer bist du aber erst“, sagten seine Freunde zu ihm, „wenn du einem Elch eine Gasmaske verkaufst.“

Da ging der Verkäufer so weit nach Norden, bis er in einen Wald kam, in dem nur Elche wohnten.

„Guten Tag“, sagte er zum ersten Elch, den er traf, „Sie brauchen bestimmt eine Gasmaske.“

„Wozu?“ fragte der Elch. „Die Luft ist gut hier.“

„Alle haben heutzutage eine Gasmaske“, sagte der Verkäufer.

„Es tut mir leid“, sagte der Elch, „aber ich brauche keine.“

„Warten Sie nur“, sagte der Verkäufer, „Sie brauchen schon noch eine.“

Und wenig später begann er mitten in dem Wald, in dem nur Elche wohnten, eine Fabrik zu bauen.

„Bist du wahnsinnig?“ fragten seine Freunde.

„Nein“, sagte er, „ich will nur dem Elch eine Gasmaske verkaufen.“

Als die Fabrik fertig war, stiegen soviel giftige Abgase aus dem Schornstein, daß der Elch bald zum Verkäufer kam und zu ihm sagte: „Jetzt brauche ich eine Gasmaske.“

„Das habe ich gedacht“, sagte der Verkäufer und verkaufte ihm sofort eine. „Qualitätsware!“ sagte er lustig.

„Die andern Elche“, sagte der Elch, „brauchen jetzt auch Gasmasken. Hast du noch mehr?“ (Elche kennen die Höflichkeitsform mit „Sie“ nicht.)

„Da habt ihr Glück“, sagte der Verkäufer, „ich habe noch Tausende.“

„Übrigens“, sagte der Elch, „was machst du in deiner Fabrik?“

„Gasmasken“, sagte der Verkäufer.

P.S. Ich weiß doch nicht genau, ob es ein schwedisches oder ein schweizerisches Sprichwort ist, aber die beiden Länder werden ja oft verwechselt.

*(1979)*

## 4. Georg Danzer: Eckige Kinder

Meine Damen und Herrn! Ich habe jetzt endlich die Lösung. Und zwar: Eckige Kinder!

Ja – Sie haben schon richtig gehört. Eckige Kinder!

Keine runden oder ovalen oder flachen. Nein – eckige! Die sind nämlich viel leichter zu stapeln. Und rollen nicht so leicht herunter. Sie werden ja sicherlich schon gehört haben, daß in letzter Zeit die Zahl der Kinder, die immer überall herunterrollen, wieder in erschreckendem Maße gestiegen ist. Kaum hat man eines irgendwo hingelegt und sich für ein paar Sekunden umgedreht – schwups – schon fällt es aus der Rolle. Und tut sich dabei vielleicht auch noch weh. Und deshalb sage ich: Eckige Kinder sind das einzig Wahre!

Rationell, pflegeleicht, verpackungsfreundlich und vor allem: anständig! Diese Kinderrollbarkeit muß endlich aufhören. Außerdem – so paradox das klingt – eckige Kinder können nirgends anecken. Vor allem dann nicht, wenn man sie richtig und ordentlich auf Kante ausrichtet. Dann stehen sie da, Kante an Kante, Ecke an Ecke, und rühren sich nicht. Und erst die Platzersparnis bei der Lagerung. In den Kindergärten und Schulen. Es ist nämlich erwiesen:

Runde Kinder brauchen mehr Platz als eckige! Ist ja auch ganz klar: Nicht umsonst gibt es – beispielsweise im Transportwesen – keine runden Kisten. Weil das zuviel Platz wegnimmt. Und dann noch etwas – und das ist eigentlich der wichtigste Punkt meines Anliegens:

Runde Kinder wachsen viel zu schnell und unkontrolliert. Nach allen Seiten oder nur nach einer ... Sie wissen schon, wie es ihnen halt gerade paßt. Das geht nicht! Das muß aufhören! Das muß wieder in geordnete Bahnen gelenkt werden! Und darum spreche ich es heute – jetzt und hier – ganz klar und deutlich aus: Eckige Kinder sind eine unabdingbare Notwendigkeit, um die nicht länger herumgeredet zu werden braucht. Das muß einmal gesagt werden. Auch wenn das vielleicht heutzutage unpopulär sein mag. Nur eckige Kinder ergeben später einmal zackige Staatsbürger, die sich einordnen können. Und solche brauchen wir.

Das Runde an sich – ich meine – das Runde an sich, nicht? Das ist ja schon irgendwie suspekt. Kurven und Krümmungen, da weiß man doch schon, was man davon zu halten hat. Das führt dann wieder zu Anarchie und Revolution, zu Aufsässigkeit und Widerstand. Es heißt schließlich nicht umsonst: Früh krümmt sich, was ein Häkchen werden will. Und solche Häkchen haben wir ja schon zur Genüge! Nein, nein und nochmals nein! Wir haben ja gesehen, wo solche runden Sachen hinführen! Nicht wahr? Und schließlich kann man nicht so einfach alles, was aus der Vergangenheit – bitte, ich meine dieses Wort ganz wertfrei, ja –, also aus der Vergangenheit kommt, als schlecht abtun! Als man zum Beispiel noch glaubte, daß die Erde eine Scheibe sei, da hatten es die Leute doch schon irgendwie einfacher und waren nicht so verunsichert. Das muß man auch einmal so sehen. Es gibt nämlich sozusagen irgendwie ganz einfach Erkenntnisse, die sind nicht gut für die Menschen. Und schon gar nicht für Kinder. Und Kinder sind ja auch Menschen. Und außerdem: unser höchstes Gut! Und das muß geschützt werden! Das sag' ich doch schon immer!

Die Kinder und der edle Wein, die wollen gut gelagert sein! möchte ich da ganz bewußt poetisch werden dürfen!

Eckige Kinder sind ein Garant für eine bessere Zukunft. Und für eine freundlichere Umwelt. Eine eckige sozusagen! Da ist es denn eben nicht mehr möglich, daß einer nicht die Kurve kriegt! Weil es dann keine Kurven mehr gibt. Das ist logisch.

Eckige Kinder bedeuten Sicherheit! Absolute Sicherheit. Und die brauchen wir heute mehr denn je! Eben! Ich danke Ihnen für Ihre geschätzte Aufmerksamkeit!

*(1982)*

## 5. Herbert Somplatzki: mitternacht

gegen mitternacht, wenn die springbrunnen müde werden (springen sie mal den ganzen tag!), wenn in der amazonasbar juanita (bürgerlich: gertrud schiwaschewski) ihr letztes bekleidungsstück (eine plastik-seerose) zu boden fallen läßt, wenn müllers waldi träumend winselt ...

dann verteilt die sozialabteilung der meier-motor-ag an ihre fließbandmitarbeiter antinachtschicht-gefühls-tabletten.

*(1978)*

## 6. Franz Hohler: Der Liederhörer

Eines Tages hatten alle Festivals, Sängertreffen und Workshops ihre kreativitätsfördernde Wirkung getan, und es gab so viele Liedermacher, daß niemand mehr übrigblieb, um die Lieder zu hören. Jeder besaß eine Gitarre, jeder beherrschte die einfachsten Griffe, jeder verfügte über einige Reimwörter, aus denen er ein paar Strophen basteln konnte, und wenn er selbst keine zustande brachte, sang er die seines Nachbarn oder die seiner Vorbilder.

Das war die Zeit, als der lange Ulli Linnenbrink aus Kreuzberg plötzlich bekannt wurde, weil er eine ganz außergewöhnliche Fähigkeit hatte: Er konnte Lieder hören. Er hatte eine Art dazusitzen und dem, der Lieder sang, mit übereinandergeschlagenen Beinen, mit leicht gefalteten Händen und verständnisvollem Gesichtsausdruck zuzuhören, die jeden Liedersänger zu Höchstleistungen antrieb. Hatte er sein Talent anfänglich nur in kleinem Kreise, vor Freunden und Kollegen und ab und zu in einer Kreuzberger Kneipe zur Geltung gebracht, wurde bald ein namhafter Liedersänger auf den begabten jungen Mann aufmerksam, und nun ließ sich sein Aufstieg nicht mehr verhindern. Bald trat er in großen Theatern auf, er setzte sich auf die Bühne, und der ganze Saal war voller Liedermacher, von denen ihm jeder ein Lied vorsingen durfte, zu dem Ulli dann nickte und manchmal auch applaudierte, was für den Betreffenden ein großer Erfolg war. In welcher Stadt auch immer die Plakate „Ulli Linnenbrink hört Lieder!" hingen, die Liedermacher rissen sich die Karten aus den Händen. Linnenbrinks erste Platte, auf der er nur leise atmete und gelegentlich etwas Beifall klatschte oder „Das war aber sehr schön" sagte, wurde ein Erfolg, der jede Liedermacher-Platte in den Schatten stellte. „Und wie", fragte man ihn in einem Playboy-Interview, „wie sind Sie auf die Idee gekommen, Lieder zu hören?" „Tja", sagte Linnenbrink, „das kam so –", und dann erzählte er eine Geschichte von einer Gitarre, die ihm kaputtgegangen sei, worauf ihm aus Geldmangel nichts anderes übriggeblieben sei, als den andern zuzuhören. Diese Geschichte war erfunden, da sie sich einfach gut machte, in Wirklichkeit hatte Ulli Linnenbrink nie Gitarre gespielt und wußte auch nicht mehr, wie er draufgekommen war, Lieder zu hören, weil es ihn gar nichts besonderes dünkte.

Natürlich fand er viele Nachahmer, die auch zu ihm in Kurse kamen, aber seltsamerweise minderte das den Ruhm und den Erfolg Linnenbrinks keineswegs. Darauf angesprochen, pflegte Ulli nur mit dem Kopf zu nicken und zu sagen: „Tja, es ist schon so, Lieder*machen* ist keine Kunst, aber Lieder*hören* kann nicht jeder.“

*(1979)*

## 7. Robert Walser: Der Traum

Ich habe einen traurigen, freudlosen Traum gehabt in der vergangenen Nacht. Wohl sechsmal erwachte ich davon, aber immer wieder, so, als sollte ich stets von neuem geprüft werden, fiel ich hinunter in die Gewalt der düsteren Einbildungen, in die Macht des fieberartigen Traumes. Mir träumte, daß ich in eine Art von Anstalt und Institut hineingekommen sei, in einen Sonderbund, in eine verriegelte, unnatürliche Absonderung, welche von höchst kalten und höchst eigentümlichen Verordnungen regiert wurde. Elend war mir zumute, und eiskalter Schauder rieselte mir durch die entsetzte, angsterfüllte Seele, die sich vergeblich sehnte, ein Verständnis zu finden. Alles war mir unverständlich, doch das Grausamste war, daß sie nur über die Ratlosigkeit und Hilflosigkeit lächelten, in der sie mich sahen. Nach allen Seiten schaute ich mich mit flehenden Augen um, damit ich ein freundliches Auge sähe; doch ich sah nur den offenen, mitleidlosen Hohn mich mit seinen Blicken messen. Alle, die da waren, musterten mich auf so sonderbare Weise, auf so rätselhafte Weise. Meine Angst vor der ringsum herrschenden Ordnung, deren Wesen mich mit Grauen erfüllte, wurde von Minute zu Minute größer, und mit ihr vergrößerte sich die Unfähigkeit, die ich offenbarte, mich in die seltsamen, absonderlichen Verhältnisse zu schicken. Deutlich erinnere ich mich, wie ich bald zu diesem, bald zu jenem Beamten in kummervoller, bittender Tonart sagte, daß ich „alles das“, so drückte ich mich in der höchsten Herzbeklemmung aus, ja ganz und gar nicht verstehe, und daß man mich doch lieber hinaus in die Welt ziehen lassen wolle, damit ich meinen Mut und meinen angeborenen Geist wiederfände. Doch statt mir zu antworten, zuckten sie nur die Achseln, liefen hin und her, zeigten sich sehr in Anspruch genommen, gaben mir zu verstehen, daß sie keine Zeit hätten, sich näher mit mir und mit meinem Unglück zu beschäftigen, und ließen mich in all der unaussprechlichen, fürchterlichen Bestürzung stehen. Augenscheinlich paßte, paßte ich gar nicht zu ihnen. Warum denn nun war ich zu ihnen hineingekommen in diese enge und kalte Umgrenzung? Durch viele Zimmer und Nebenzimmer tastete ich mich; ich schwankte hin und her wie ein Verlorener. Mir war, als sei ich im Begriff, in dem Meer der Befremdung zu ertrinken. Freundschaft, Liebe und Wärme waren verwandelt in Haß, Verrat und Tücke, und das Mitempfinden schien gestorben seit tausend Jahren oder schien in unendliche Entfernungen gestoßen. Eine Klage wagte ich nicht zu äußern. Ich hatte zu keinem, zu keinem dieser unverständlichen Menschen ein Vertrauen. Jeder hatte seine strenge, enge, stumpfe, wohlabgemessene Beschäftigung, und darüber hinaus stierte er wie in eine grenzenlose Leere. Ohne Erbarmen mit sich selber, kannten sie auch kein Erbarmen mit einem andern. Tot, wie sie waren, setzten sie nur Tote voraus. Endlich erwachte ich aus all dem Hoffnungslosen. O wie freute ich mich, daß es nur ein Traum war!

*(1914)*

## 8. Günter Kunert: Die kleinen grünen Männer

Sie sind in vielen utopischen Romanen beschworen worden; ihr Ursprungsplanet, voreilig als Saturn, manchmal als Mars bezeichnet, wird nun dem Vernehmen nach an den Rand unserer Milchstraße gerückt. Dort, wo die schärfsten Teleskope nichts mehr erkennen als schimmernde Flecken, Ballen von dunkler Materie in Dimensionen, für die uns das Vorstellungsvermögen fehlt, dort sollen sie leben, die kleinen grünen Männer, und von dort werden sie einst kommen, meint die Fama[6], um uns zu domestizieren[7].

Es heißt, was sie mit uns vorhaben, wisse niemand. Ihre Pläne seien unbekannt, ihre Ziele fern menschlicher Phantasie. Eine der Spekulationen: Sie neideten uns unsere lichte Welt, den hellen Himmel, die geordneten Verhältnisse, da fröhlich singend man zur Arbeit schreitet, da am Abend man aus dem Fenster blickt und, zufrieden vom Tagwerk, ins große Verdämmern.

Gewiß: Über den Zeitpunkt der Invasion besteht umfassende Unklarheit. Manche wiegen sich in der Hoffnung, unser Jahrtausend jedenfalls werde von den kleinen grünen Männern frei bleiben; andere wieder sind fest überzeugt, daß die zarten grünen Finger der aus unzählbaren Raketenschiffen Steigenden eines Morgens und noch in diesem Jahrhundert an unsere irdische Tür pochen werden. Ein ganz leichtes, kaum vernehmbares Geräusch soll es sein. Doch dem, der es hört, werde das Herz stehenbleiben, meinen jene, die davon reden, selber Unwissende, die das Ausmaß der schrecklichen Wahrheit nicht kennen.

Sie ahnen ja nicht, daß die Landung bereits stattgefunden hat. Das Klopfen ist längst verhallt.

Die Schläfer haben sich röchelnd einmal in ihren warmen Betten herumgedreht und nicht gespürt, wie die kleinen grünen Männer mit einem kleinen grünen Lächeln auf den Gesichtern in sie einschlüpften: Mittels spezieller Instrumente, von denen sich unsere Universitätsweisheit absolut

---

6 Gerücht

7 ursprünglich: Umzüchten wilder Tiere zur Nutzung durch den Menschen

nichts träumen läßt, begaben sie sich durch die dicken schnarchenden Nasen, durch quallige Ohrmuscheln, blekkende Zahnreihen in die dumpfdämmernde Spezies[8] selbst. Dort hausen sie heute.

Wie Panzer fahren sie uns über die Straßen und Treppen, rammen uns gegeneinander. Wenn wir einander leiden machen, uns haßvoll zugrunde richten, treten, stoßen, würgen und töten, verspüren sie der Lust Verwandtes.

Hinter deinen Augen, nachdem du mich verraten, sah ich das kleine grüne Freudenfeuer flackern, das da tief drinnen einer angezündet hatte.

*(1964)*

8 besondere Art einer Gattung, Tier- oder Pflanzenart

# IV. „Und Friede auf Erden ...". Über Gewalt, Krieg und Frieden

## 1. Wolf Wondratschek: Kurze Szene

*(Cartoon)*

– ich weiß nicht, es war noch
früh am Nachmittag;
–an
der Trinkhalle standen zwei ich weiß nicht, Griechen
oder Spanier;
– ich weiß nicht, worum es
bei dem Streit dieser Männer eigentlich ging;
– sie tranken
ein Bier nach dem andern, ich weiß nicht, wieviel;
– plötzlich, ich weiß nicht, zog einer der
beiden Männer sein Messer heraus;
– jedenfalls-

sagte neben mir eine Frau, ich weiß nicht, wir sind hier
doch nicht im Urwald;
– jedenfalls war der andere plötzlich neben
der Trinkhalle zusammengebrochen, in sich zusammen-
gesackt, vornübergestürzt, ein Messer, nein, kein Messer im
Rücken, tot oder lebendig, ich weiß nicht;
– nachher, ich weiß nicht, wirkt der
Vorfall wie schön erfunden; – ich weiß nicht, aber nach-
her sah man plötzlich, daß der Mann auf der Stelle tot war;
– ich weiß nicht, ob der Tote
auch ein Türke war, jedenfalls waren beide Italiener:
– offenbar
hatte einer der beiden Männer plötzlich angefangen mit
der Behauptung, ihm sei ein,ich weiß nicht, Mercedes
lieber als ein Opel; ich weiß nicht, nachdem ich
– ich kam mir,
den Vorfall gehört hatte, wie der Augenzeuge dieser Ge-
schichte vor;

*(1972)*

## 2. Reiner Kunze: Sechsjähriger

Er durchbohrt Spielzeugsoldaten mit Stecknadeln. Er stößt sie ihnen in den Bauch, bis die Spitze aus dem Rücken tritt. Er stößt sie ihnen in den Rücken, bis die Spitze aus der Brust tritt.

Sie fallen.

„Und warum gerade diese?"

„Das sind doch die andern."

*(1976)*

## 3. Wolfdietrich Schnurre: Mutter läßt grüßen

Ausnehmend netten Menschen kennengelernt. Leider nur im Schweizer Fernsehen kürzlich: den Mann, der die Atombombe über Hiroshima ausgeklinkt hat. Drahtiger Vertreter-Typ; unangefochtenes Baseballspieler-Gesicht. Als Offizier geradlinig die vorgezeichnete Laufbahn beendet. Geht ihm blendend. Skrupel? Nicht doch. Er habe mit jenem Abwurf sein Vaterland verteidigt, meinte er, in Geographie offenbar nicht ganz so wie im Bombenausklinken bewandert. Auf die Bombe hatte er den Namen seiner Mutter geschrieben. Diese hatte man allerdings zu interviewen vergessen.

*(1984)*

## 4. Bernhard Laux: Alltäglicher Friede

Olaf hat einen Spielzeugpanzer zum Geburtstag geschenkt bekommen. „Echt geil!“ staunt Andreas, sein Freund, als Olaf in der großen Pause stolz eine Vorführung gibt. Der Panzer ist fernzusteuern, läuft auf Original-Metallketten und schickt helle Blitze aus seiner Bordkanone, wenn man am Funkgerät einen bestimmten Knopf drückt.

Im Klassenraum der 6a neben der Tafel – ein Bundeswehr-Kalender. Leopard-Panzer im Nato-Übungseinsatz, eine Ponton-Brücke, von Pionieren in Rekordzeit gebaut, Starfighter und Phantom-Jäger im rasanten Tiefflug – jeder Monat hat sein imponierendes Bild.

Der Lehrer, dem im letzten Weltkrieg an jeder Hand ein Finger weggesprengt wurde, hat den Kalender hinter sein Pult gehängt.

Mehrmals im Jahr wird überprüft, ob die Alarmsirenen im ganzen Land auch zur gewünschten Zeit ihre Töne von sich geben. Die Sirene sitzt direkt auf dem Dach der Schule.

Olaf lacht, als der Englisch-Lehrer die Klasse bittet, in seinen Stunden den Kalender abzunehmen. Andreas tippt sich deutlich an die Stirn. Aber die Mädchen klatschen Beifall.

Typisch ...

*(1981)*

## 5. Herbert Somplatzki: intensivmethode: audio-visuell-motorisch

erst hau ich ihm zur vorsicht ein inne fresse.
dann sperr ich ihn ein, bis er die lektion auswendig kann.
dann hau ich ihn – wieder zur vorsicht – inne fresse und
laß ihn raus.
und zum schluß hau ich ihm noch eine inne fresse!!

*(1978)*

## 6. Wolfdietrich Schnurre: Ein Schicksal aus unseren Tagen

Der Wurm hatte es satt, Kriegsdienst zu tun, und wurde einer Kommission vorgeführt, die feststellen sollte, warum. „Ich tue niemand etwas zuleide“, sagte der Wurm; „und kommt mal ein Feind, verkrieche ich mich.“ – „Das nennen wir Feigheit“, sagte der Geier. „Verzeihung, Herr Oberst“, sagte der Wurm: „Wenn der Feind nun aber ein Traktor ist mit einer Kette von Pflügen im Schlepp, die unsere Felder verwüsten; soll ich mich ihm dann entgegenwerfen?“ – „Vergiß nicht, mein Sohn, daß du auch uns Mütter beschützt“, sagte die Henne; „schließlich haben wir uns nicht umsonst so freudig von unseren Söhnen getrennt.“ – „Verzeihung, gnädige Frau“, sagte der Wurm: „Und was wäre geschehen, hätten Sie Ihre Herren Söhne, womöglich noch freudiger, zu Hause behalten?“ – „Bedenke, daß der Himmel der Obrigkeit gegenüber Gehorsam befahl“, sagte die Krähe. „Verzeihung, Herr Pfarrer“, sagte der Wurm: „Aber doch wohl nur dem, der über der Obrigkeit den Himmel nicht sieht.“ – „Dann gehorche ihm doch auch gefälligst!“ schrien Geier, Krähe und Huhn. „Verzeihung“, sagte der Wurm, „ich gehorche ihm ja: ich krieche im Staub und lobe den Herrn.“ Hierauf zog sich die Kommission zur Beratung zurück. „Fressen“, sagte der Geier. „Fressen“, nickte die Henne. Die Krähe stand auf. „Schreiber, drei Teller.“

*(1957)*

## 7. Wolf Wondratschek: [Fußball]

Beim Prüfungsausschuß II des Kreiswehrersatzamtes München wurde der Kriegsdienstverweigerer Jürgen R. vom Vorsitzenden des Ausschusses gefragt, ob er in einem Sportverein sei. Die Antwort: „Ja, ich spiele als Stürmer und auch als Verteidiger in einem Fußballverein." Der Antrag des Kriegsdienstverweigerers wurde daraufhin abgelehnt. Im schriftlichen Bescheid des Regierungsrats Sponheimer, Major der Reserve, hieß es: „Der Wehrpflichtige kann kein friedliebender Mensch sein, da er Fußball spielt."

*(1969)*

## 8. Astrid Lindgren: Über Frieden

Jetzt werde ich eine kleine Geschichte erzählen. Ich hörte sie selbst vor langer Zeit, eine alte Dame erzählte sie mir, und ich habe sie niemals vergessen. Sie ging so – wenn ich mich recht erinnere:

„Ich war jung zu jener Zeit, als fast alle Kinder oft geschlagen wurden. Man hielt es für nötig, sie zu schlagen, denn sie sollten artig und gehorsam werden. Alle Mütter und Väter sollten ihre Kinder schlagen, sobald sie etwas getan hatten, von dem Mütter und Väter meinten, daß Kinder es nicht tun sollten. Mein kleiner Junge, Johan, war ein artiger und fröhlicher kleiner Kerl, und ich wollte ihn nicht schlagen. Aber eines Tages kam die Nachbarin zu mir herein und sagte, Johan sei in ihrem Erdbeerbeet gewesen und habe Erdbeeren geklaut, und bekäme er jetzt nicht seine Schläge, würde er wohl ein Dieb bleiben, sein Leben lang. Mit Müttern ist es nun einmal so, daß ihnen angst und bange wird, wenn jemand kommt und sich über ihre Kinder beschwert. Und ich dachte: Vielleicht hat sie recht, jetzt muß ich Johan wohl eine Tracht Prügel verpassen.

Johan saß da und spielte mit seinen Bausteinen – er war ja damals erst fünf Jahre alt –, als ich kam und sagte, daß er nun Prügel bekäme und daß er selbst hinausgehen solle, um eine Rute abzuschneiden. Johan weinte, als er ging. Ich saß in der Küche und wartete. Es dauerte lange, bis er kam, und weinen tat er noch immer, als er zur Tür hereinschlich. Aber Rute hatte er keine bei sich.

‚Mama', sagte er schluchzend, ‚ich konnte keine Rute finden, aber hier hast du einen Stein, den du auf mich werfen kannst!' Er reichte mir einen Stein, den größten, der in seiner kleinen Hand Platz fand. Da begann auch ich zu weinen, denn ich verstand auf einmal, was er sich gedacht hatte: Meine Mama will mir also weh tun, und das kann sie noch besser mit einem Stein.

Ich schämte mich. Und ich nahm ihn in die Arme, wir weinten beide soviel wir konnten, und ich dachte bei mir, daß ich niemals, niemals mein Kind schlagen würde. Und damit ich es ja nicht vergessen würde, nahm ich den Stein und legte ihn in ein Küchenregal, wo ich ihn jeden Tag sehen konnte, und da lag er so lange, bis Johan groß war. Dieb wurde keiner aus ihm. Das hätte ich gerne meiner Nachbarin erzählen mögen, aber sie war schon lange fortgezogen."

Ja, so sprach die alte Dame, die mir dies alles erzählte, als ich noch sehr jung war. Und ich weiß noch, daß ich mir dachte: Ich werde meine Kinder auch nicht schlagen, sollte ich welche bekommen. Ich bekam zwei Kinder, und ich schlug sie niemals. Trotzdem wurden gute Menschen aus ihnen. Und auch sie schlagen ihre Kinder nicht.

Warum erzähle ich das alles? Es sollte ja vom Frieden die Rede sein. Ich glaube, das tut es auch. In gewisser Weise. Immer noch gibt es viele Mütter und Väter auf der Welt, die ihre Kinder schlagen und glauben, das sei gut. Sie meinen, Kinder würden artig und gehorsam durch die Schläge. Aber statt dessen werden sie zu solchen Menschen, die gerne selber andere schlagen und weitermachen damit, wenn sie groß sind. Denn wie sollte einer, der sich als Kind an die Gewalt gewöhnt hat, zu einem friedlichen Menschen heranwachsen?

Und wie soll es Frieden geben in der Welt, wenn es keine friedfertigen Menschen gibt? Zu Hause, in den Wohnungen, da muß der Friede beginnen. Ich glaube, es wäre gut, wenn ein Stein in den Küchenregalen läge, fast überall auf der Welt, als Erinnerung: Schluß mit der Gewalt!

Ich kenne eine Menge Staatsmänner und Politiker, die einen solchen Stein auf dem Küchenregal haben sollten. Aber dann würden sie vielleicht bloß die Steine nehmen und hinausgehen und einander die Schädel damit einschlagen. Denn glaubt man an Gewalt, dann handelt man auch so!

*(1983)*

## 9. F.C. Weiskopf: Der letzte Wunsch

Bei der Hinrichtung von vier Altonaer Arbeitern, die – bald nach Hitlers Machtantritt – zum Tode verurteilt worden waren, weil sie sich gegen schießende SA-Männer mit Schüssen gewehrt hatten, kam es zu einem Zwischenfall, von dem noch lange in allen Hafenkneipen, Fabrikskantinen und Mietskasernen Hamburgs gesprochen wurde.

Als man unmittelbar vor der Hinrichtung, zu der fünfundsiebzig Gefangene aus ihren Zellen geholt wurden, um das Sterben ihrer Genossen mit anzusehen, den jüngsten der Verurteilten, einen Neunzehnjährigen, fragte, ob er noch einen Wunsch habe, sagte er: Ja, den habe er, er wolle sich noch einmal richtig recken, man möge ihm doch die Handfesseln lockern.

Der Wachtmeister nahm ihm die Eisen ab. Der junge Arbeiter reckte sich. Mit zum Himmel erhobenen Fäusten stand er einen Augenblick still da; dann schlug er blitzschnell, bevor noch die Umstehenden begriffen, was vorging, dem SA-Führer, der die Wachmannschaft kommandierte, die Vorderzähne ein.

*(1934)*

## 10. Bertolt Brecht: Der hilflose Knabe

Herr K. sprach über die Unart, erlittenes Unrecht stillschweigend in sich hineinzufressen, und erzählte folgende Geschichte: „Einen vor sich hin weinenden Jungen fragte ein Vorübergehender nach dem Grund seines Kummers. ‚Ich hatte zwei Groschen für das Kino beisammen', sagte der Knabe, ‚da kam ein Junge und riß mir einen aus der Hand', und er zeigte auf einen Jungen, der in einiger Entfernung zu sehen war. ‚Hast du denn nicht um Hilfe geschrien?' fragte der Mann. ‚Doch', sagte der Junge und schluchzte ein wenig stärker. ‚Hat dich niemand gehört?' fragte ihn der Mann weiter, ihn liebevoll streichelnd. ‚Nein', schluchzte der Junge. ‚Kannst du denn nicht lauter schreien?' fragte der Mann. ‚Nein', sagte der Junge und blickte ihn mit neuer Hoffnung an. Denn der Mann lächelte. ‚Dann gib auch den her', sagte er, nahm ihm den letzten Groschen aus der Hand und ging unbekümmert weiter."

*(1932)*

## 11. Gerhard Zwerenz: Nicht alles gefallen lassen

Wir wohnten im dritten Stock mitten in der Stadt und haben uns nie etwas zuschulden kommen lassen, auch mit Dörfelts von gegenüber verband uns eine jahrelange Freundschaft, bis die Frau sich kurz vor dem Fest unsre Bratpfanne auslieh und nicht zurückbrachte.

Als meine Mutter dreimal vergeblich gemahnt hatte, riß ihr eines Tages die Geduld, und sie sagte auf der Treppe zu Frau Muschg, die im vierten Stock wohnt, Frau Dörfelt sei eine Schlampe.

Irgendwer muß das den Dörfelts hinterbracht haben, denn am nächsten Tag überfielen Klaus und Achim unsern Jüngsten, den Hans, und prügelten ihn windelweich.

Ich stand grad im Hausflur, als Hans ankam und heulte. In diesem Moment trat Frau Dörfelt drüben aus der Haustür, ich lief über die Straße, packte ihre Einkaufstasche und stülpte sie ihr über den Kopf. Sie schrie aufgeregt um Hilfe, als sei sonst was los, dabei drückten sie nur die Glasscherben etwas auf den Kopf, weil sie ein paar Milchflaschen in der Tasche gehabt hatte.

Vielleicht wäre die Sache noch gut ausgegangen, aber es war just um die Mittagszeit, und da kam Herr Dörfelt mit dem Wagen angefahren.

Ich zog mich sofort zurück, doch Elli, meine Schwester, die mittags zum Essen heimkommt, fiel Herrn Dörfelt in die Hände. Er schlug ihr ins Gesicht und zerriß dabei ihren Rock. Das Geschrei lockte unsre Mutter ans Fenster, und als sie sah, wie Herr Dörfelt mit Elli umging, warf unsre Mutter mit Blumentöpfen nach ihm. Von Stund an herrschte erbitterte Feindschaft zwischen den Familien.

Weil wir nun Dörfelts nicht über den Weg trauten, installierte Herbert, mein ältester Bruder, der bei einem Optiker in die Lehre geht, ein Scherenfernrohr am Küchenfenster.

Da konnte unsre Mutter, waren wir andern alle unterwegs, die Dörfelts beobachten.

Augenscheinlich verfügten diese über ein ähnliches Instrument, denn eines Tages schossen sie von drüben mit einem Luftgewehr herüber. Ich erledigte das feindliche Fernrohr dafür mit einer Kleinkaliberbüchse, an diesem Abend ging unser Volkswagen unten im Hof in die Luft.

Unser Vater, der als Oberkellner im hochrenommierten[9] Café Imperial arbeitete, nicht schlecht verdiente und immer für den Ausgleich eintrat, meinte, wir sollten uns jetzt an die Polizei wenden.

Aber unserer Mutter paßte das nicht, denn Frau Dörfelt verbreitete in der ganzen Straße, wir, das heißt, unsre gesamte Familie, seien derart schmutzig, daß wir mindestens zweimal jede Woche badeten und für das hohe Wassergeld, das die Mieter zu gleichen Teilen zahlen müssen, verantwortlich wären.

Wir beschlossen also, den Kampf aus eigner Kraft in aller Härte aufzunehmen, auch konnten wir nicht mehr zurück, verfolgte doch die gesamte Nachbarschaft gebannt den Fortgang des Streites.

Am nächsten Morgen schon wurde die Straße durch ein mörderisches Geschrei geweckt.

Wir lachten uns halbtot, Herr Dörfelt, der früh als erster das Haus verließ, war in eine tiefe Grube gefallen, die sich vor der Haustür erstreckte.

Er zappelte ganz schön in dem Stacheldraht, den wir gezogen hatten, nur mit dem linken Bein zappelte er nicht, das hielt er fein still, das hatte er sich gebrochen.

Bei alledem konnte der Mann noch von Glück sagen – denn für den Fall, daß er die Grube bemerkt und umgangen hätte, war der Zünder einer Plastikbombe mit dem Anlasser seines Wagens verbunden. Damit ging kurze Zeit später Klunker-Paul, ein Untermieter von Dörfelts, hoch, der den Arzt holen wollte.

Es ist bekannt, daß die Dörfelts leicht übelnehmen. So gegen zehn Uhr begannen sie unsre Hausfront mit einem Flakgeschütz[10] zu bestreichen[11]. Sie mußten sich erst einschießen, und die Einschläge befanden sich nicht alle in der Nähe unserer Fenster.

---

9 berühmt, angesehen

10 Flugabwehrkanone

11 militärischer Ausdruck für beschießen

Das konnte uns nur recht sein, denn jetzt fühlten sich auch die anderen Hausbewohner geärgert, und Herr Lehmann, der Hausbesitzer, begann um den Putz zu fürchten. Eine Weile sah er sich die Sache noch an, als aber zwei Granaten in seiner guten Stube krepierten[12], wurde er nervös und übergab uns den Schlüssel zum Boden.

Wir robbten sofort hinauf und rissen die Tarnung von der Atomkanone.

Es lief alles wie am Schnürchen, wir hatten den Einsatz oft genug geübt, die werden sich jetzt ganz schön wundern, triumphierte unsre Mutter und kniff als Richtkanonier[13] das rechte Auge fachmännisch zusammen.

Als wir das Rohr genau auf Dörfelts Küche eingestellt hatten, sah ich drüben gegenüber im Bodenfenster ein gleiches Rohr blinzeln, das hatte freilich keine Chance mehr, Elli, unsre Schwester, die den Verlust ihres Rockes nicht verschmerzen konnte, hatte zornroten Gesichts das Kommando „Feuer!" erteilt.

Mit einem unvergeßlichen Fauchen verließ die Atomgranate das Rohr, zugleich fauchte es auch auf der Gegenseite. Die beiden Geschosse trafen sich genau in der Straßenmitte.

Natürlich sind wir nun alle tot, die Straße ist hin, und wo unsre Stadt früher stand, breitet sich jetzt ein graubrauner Fleck aus.

Aber eins muß man sagen, wir haben das Unsre getan, schließlich kann man sich nicht alles gefallen lassen.

Die Nachbarn tanzen einem sonst auf der Nase herum.

*(1972)*

---

12 platzen, zerspringen (von Sprenggeschossen)

13 Kanonier (franz.): Soldat der Geschützbedienung

## 12. Anna Seghers: Zwei Denkmäler

In der Emigration begann ich eine Erzählung, die der Krieg unterbrochen hat. Ihr Anfang ist mir noch in Erinnerung. Nicht Wort für Wort, aber dem Sinn nach. Was mich damals erregt hat, geht mir auch heute noch nicht aus dem Kopf. Ich erinnere mich an eine Erinnerung.

In meiner Heimat, in Mainz am Rhein, gab es zwei Denkmäler, die ich niemals vergessen konnte, in Freude und Angst auf Schiffen, in fernen Städten. Eins ist der Dom. – Wie ich als Schulkind zu meinem Erstaunen sah, ist er auf Pfeilern gebaut, die tief in die Erde hineingehen – damals kam es mir vor, beinahe so tief wie der Dom hochragt. Ihre Risse sind auszementiert worden, sagte man, in vergangener Zeit, da, wo das Grundwasser Unheil stiftete. Ich weiß nicht, ob es stimmt, was uns ein Lehrer erzählte: Die romanischen und gotischen Pfeiler seien haltbarer als die jüngeren.

Dieser Dom über der Rheinebene wäre mir in all seiner Macht und Größe im Gedächtnis geblieben, wenn ich ihn auch nie wiedergesehen hätte. Aber ebensowenig kann ich ein anderes Denkmal in meiner Heimatstadt vergessen. Es bestand nur aus einem einzigen flachen Stein, den man in das Pflaster einer Straße gesetzt hat. Hieß die Straße Bonifaziusstraße? Hieß sie Frauenlobstraße? Das weiß ich nicht mehr. Ich weiß nur, daß der Stein zum Gedächtnis einer Frau eingefügt wurde, die im ersten Weltkrieg durch Bombensplitter umkam, als sie Milch für ihr Kind holen wollte. Wenn ich mich recht erinnere, war sie die Frau des jüdischen Weinhändlers Eppstein. – Menschenfresserisch, grausam war der erste Weltkrieg, man begann aber erst an seinem Ende mit Luftangriffen auf Städte und Menschen. Darum hat man zum Gedächtnis der Frau den Stein gesetzt, flach wie das Pflaster, und ihren Namen eingraviert. –

Der Dom hat die Luftangriffe des zweiten Weltkriegs irgendwie überstanden, wie auch die Stadt zerstört worden ist. Er ragt über Fluß und Ebene. Ob der kleine flache Gedenkstein noch da ist, das weiß ich nicht. Bei meinen Besuchen hab ich ihn nicht mehr gefunden.

In der Erzählung, die ich vor dem zweiten Weltkrieg zu schreiben begann und im Krieg verlor, ist die Rede von dem Kind, dem die Mutter Milch holen wollte, aber nicht heimbringen konnte. Ich hatte die Absicht, in dem Buch zu erzählen, was aus diesem Mädchen geworden ist.

*(1965)*

# V. Der ganz gewöhnliche Alltag ...

## 1. Franz Hohler: Wie ich lebe

Seit ein paar Tagen bin ich in Basel.

Ich bewohne hier ein Apartmenthaus, aus dem man direkt auf einen Platz hinuntersieht, welcher fast ohne Autoverkehr ist. In der Mitte steht ein großer Brunnen, den ich nachts plätschern höre. Gestern habe ich von meinem Fenster aus gesehen, wie tote Schweine aus einem Lieferwagen in eine Metzgerei gebracht wurden. Die Metzgerei verfügt über eine Hängeschiene, der Lieferwagen ebenfalls, die beiden Schienen werden zusammengekoppelt, und nun gleitet ein Schwein nach dem andern, mit einem Fleischerhaken an dieser Schiene hängend, ins Innere der Metzgerei.

Etwas später bin ich auf die Post telefonieren gegangen und mußte beim Bezahlen am Schalter eine Weile warten, weil vor mir ein bärtiger Amerikaner in einem Wollpullover ein Telegramm nach Tanger aufgab, auf welchem stand: *I love you more than I can say.* Es kostete 14 Franken.

Ich rufe jeden Tag nach Hause an und erkundige mich, wie es meiner Frau und meinem Sohn geht.

Heute morgen habe ich bei einer Marktfrau, welche ihren Stand auf dem Platz neben dem Brunnen aufgestellt hatte, ein Dorschfilet gekauft. Der Frau, die vor mir zwei Dorschfilets kaufte, war, seit sie die Marktfrau zum letztenmal gesehen hatte, ihr Mann gestorben, 71 war er und war nur rasch ein Glas Wasser holen gegangen und tot zusammengebrochen, der Arzt sei auch ganz baff gewesen.

Der Bub der Marktfrau, wahrscheinlich ihr Enkel, ruft, schöne Forellen haben wir auch noch, und stochert mit einem Fangnetz im Zuber, in dem sie herumschwimmen. Ich bleibe aber bei meinem Dorsch, der ist schon tot und hat keine Gräte.

In der Zeitung lese ich, daß der Flughafenangestellte, welcher die Frachtraumtüre einer später abgestürzten DC-10 verschlossen hat, beteuert, er habe die Türe richtig verschlossen. In seinem Leben habe er schon Hunderte, ja Tausende von Türen verschlossen und könne auf keinen Fall für den Absturz verantwortlich gemacht werden. Gestern habe ich vor dem Einschlafen Goethes „Wahlverwandtschaften“ zu Ende gelesen. Ottilie und Eduard sterben zum Schluß, und das Buch hört mit den Worten auf:

„So ruhen die Liebenden nebeneinander. Friede schwebt über ihrer Stätte, heiter verwandte Engelsbilder schauen vom Gewölbe auf sie herab, und welch ein freundlicher Augenblick wird es sein, wenn sie dereinst wieder zusammen erwachen.“

Diesen Schluß finde ich sehr schön.

*(1979)*

## 2. Reiner Kunze: Clown, Maurer oder Dichter

Ich gebe zu, gesagt zu haben: Kuchenteller. Ich gebe ebenfalls zu, auf die Frage des Sohnes, ob er allen Kuchen auf den Teller legen solle, geantwortet zu haben: allen. Und ich stelle nicht in Abrede, daß der Kuchen drei Viertel der Fläche des Küchentischs einnahm. Kann man denn aber von einem zehnjährigen Jungen nicht erwarten, daß er weiß, was gemeint ist, wenn man Kuchenteller sagt? Das Händewaschen hatte ich überwacht, und dann war ich hinausgegangen, um meine Freunde zu begrüßen, die ich zum Kartoffelkuchenessen eingeladen hatte. Frischer Kartoffelkuchen von unserem Bäcker ist eine Delikatesse.

Als ich in die Küche zurückkehrte, kniete der Sohn auf dem Tisch. Auf einem jener Kuchenteller, die nur wenig größer sind als eine Untertasse, hatte er einen Kartoffelkuchenturm errichtet, neben dem der schiefe Turm zu Pisa senkrecht gewirkt hätte. Ich sparte nicht mit Stimme.

Ob er denn nicht sähe, daß der Teller zu klein sei.

Er legte sich mit der Wange auf den Tisch, um den Teller unter diesem völlig neuen Gesichtspunkt zu betrachten.

Er müsse doch sehen, daß der Kuchen nicht auf diesen Teller passe.

Aber der Kuchen passe doch, entgegnete er. Das eine Blech lehnte am Tischbein, und auch das andere war fast leer.

Ich begann, mich laut zu fragen, was einmal aus einem Menschen werden solle, der einen Quadratmeter Kuchen auf eine Untertasse stapelt, ohne auch nur einen Augenblick daran zu zweifeln, daß sie groß genug sein könnte.

Da standen meine Freunde bereits in der Tür.

„Was aus dem Jungen werden soll?“ fragte der erste, meine Worte aufnehmend. Er peilte den Turm an. „Der Junge offenbart ein erstaunliches Gefühl für Balance. Entweder er geht einmal zum Zirkus, oder er wird Maurer.“

Der zweite ging kopfschüttelnd um den Turm herum. „Wo hast du nur deine Augen?“ fragte er mich. Erst jetzt entdeckte ich, daß die von mir geschnittenen Kuchenstücke geviertelt waren, als wären wir zahnlose Greise. Mein

Freund sah die größeren Zusammenhänge: „Siehst du denn nicht, daß in dem Jungen ein Künstler steckt?“ sagte er. „Der Junge hat Mut zum Niegesehenen. Er verknüpft die Dinge so miteinander, daß wir staunen. Er hat schöpferische Ausdauer. Vielleicht wird aus ihm sogar ein Dichter, wer weiß.“

„Eher ein richtiger oder ein genialer Soldat“, sagte der dritte, den ich jedoch sogleich unterbrach. „Soldat? Wieso Soldat?“ fragte ich auf die Gefahr hin, dem Sohn die Wörter wieder abgewöhnen zu müssen, die zu erwarten waren, sobald sich dieser Freund seiner Armeezeit erinnerte. Er antwortete: „Ein richtiger Soldat, weil er auch den idiotischsten Befehl ausführt. Und ein genialer Soldat, weil er ihn so ausführt, daß das Idiotische des Befehls augenfällig wird. Ein Mensch wie er kann zum Segen der Truppe werden.“

Ich hoffte, der Sohn würde das meiste nicht verstanden haben. Am Abend hockte er sich jedoch zu Füßen seiner Schwester aufs Bett und fragte sie, was zu werden sie ihm rate: Clown, Maurer oder Dichter. Soldat zu werden, zog er nicht in Betracht, weil er es dann mit Vorgesetzten wie seinem Vater zu tun haben könnte.

Seitdem bedenke ich, wer bei uns zu Gast ist, bevor ich eines meiner Kinder kritisiere.

*(1976)*

## 3. Reiner Kunze: Fünfzehn

Sie trägt einen Rock, den kann man nicht beschreiben, denn schon ein einziges Wort wäre zu lang. Ihr Schal dagegen ähnelt einer Doppelschleppe: lässig um den Hals geworfen, fällt er in ganzer Breite über Schienbein und Wade. (Am liebsten hätte sie einen Schal, an dem mindestens drei Großmütter zweieinhalb Jahre gestrickt haben – eine Art Niagara-Fall aus Wolle. Ich glaube, von einem solchen Schal würde sie behaupten, daß er genau ihrem Lebensgefühl entspricht. Doch wer hat vor zweieinhalb Jahren wissen können, daß solche Schals heute Mode sein würden.) Zum Schal trägt sie Tennisschuhe, auf denen sich jeder ihrer Freunde und jede ihrer Freundinnen unterschrieben haben. Sie ist fünfzehn Jahre alt und gibt nichts auf die Meinung uralter Leute – das sind alle Leute über dreißig.

Könnte einer von ihnen sie verstehen, selbst wenn er sich bemühen würde? Ich bin über dreißig.

Wenn sie Musik hört, vibrieren noch im übernächsten Zimmer die Türfüllungen. Ich weiß, diese Lautstärke bedeutet für sie Lustgewinn. Teilbefriedigung ihres Bedürfnisses nach Protest. Überschallverdrängung unangenehmer logischer Schlüsse. Trance. Dennoch ertappe ich mich immer wieder bei einer Kurzschlußreaktion: Ich spüre plötzlich den Drang in mir, sie zu bitten, das Radio leiser zu stellen. Wie also könnte ich sie verstehen – bei diesem Nervensystem?

Noch hinderlicher ist die Neigung, allzu hochragende Gedanken erden zu wollen.

Auf den Möbeln ihres Zimmers flockt der Staub. Unter ihrem Bett wallt er. Dazwischen liegen Haarklemmen, ein Taschenspiegel, Knautschlacklederreste, Schnellhefter, Apfelstiele, ein Plastikbeutel mit der Aufschrift „Der Duft der großen weiten Welt“, angelesene und übereinandergestülpte Bücher (Hesse, Karl May, Hölderlin), Jeans mit in sich gekehrten Hosenbeinen, halb- und dreiviertel gewendete Pullover, Strumpfhosen, Nylon und benutzte Taschentücher. (Die Ausläufer dieser Hügellandschaft erstrekken sich bis ins Bad und in die Küche.) Ich weiß: Sie will sich nicht den Nichtigkeiten des Lebens ausliefern. Sie fürchtet die Einengung des Blicks, des Geistes. Sie fürchtet die Abstumpfung der Seele durch Wiederholung! Außerdem wägt sie die Tätigkeiten gegeneinander ab nach dem Maß an Unlustgefühlen, das mit ihnen verbunden sein könnte, und betrachtet es als Ausdruck persönlicher Freiheit, die unlustintensiveren zu ignorieren. Doch nicht nur, daß ich ab und zu heimlich ihr Zimmer wische, um ihre Mutter vor Herzkrämpfen zu bewahren, – ich muß mich auch der Versuchung erwehren, diese Nichtigkeiten ins Blickfeld zu rücken und auf die Ausbildung innerer Zwänge hinzuwirken.

Einmal bin ich dieser Versuchung erlegen.

Sie ekelt sich schrecklich vor Spinnen. Also sagte ich: „Unter deinem Bett waren zwei Spinnennester."

Ihre mit lila Augentusche nachgedunkelten Lider verschwanden hinter den hervortretenden Augäpfeln, und sie begann „Iix! Ääx! Uh!" zu rufen, so daß ihre Englischlehrerin, wäre sie zugegen gewesen, von soviel Kehlkopfknacklauten – englisch „glottal stops" – ohnmächtig geworden wäre. „Und warum bauen die ihre Nester gerade bei mir unterm Bett?"

„Dort werden sie nicht oft gestört." Direkter wollte ich nicht werden, und sie ist intelligent.

Am Abend hatte sie ihr inneres Gleichgewicht wiedergewonnen. Im Bett liegend, machte sie einen fast überlegenen Eindruck. Ihre Hausschuhe standen auf dem Klavier. „Die stelle ich jetzt immer dorthin", sagte sie. „Damit keine Spinnen hineinkriechen können."

*(1976)*

## 4. Robert Walser: Kleines Landstraßenerlebnis

Zu anderer Zeit und bei anderer Gelegenheit wanderte ich einmal im Winter, nämlich natürlich bloß zu Fuß, zu meinem Bruder, der sich dazumal in einer kleinen Landstadt aufhielt, wo er die Aufgabe hatte, einen Tanzsaal mit Wandmalereien zu verzieren. Trotz der kalten Jahreszeit trug ich nur einen ganz dünnen, leichten Anzug; dicke und schwere Stoffe kümmerlich und mühsam mit mir herumzuschleppen würde ich als grobe Belästigung, als überflüssiges Übel empfunden haben. Hemd und Hut vermochten vielleicht einigen leisen und zarten Zweifel zu erregen; beides besaß etwas Leichtes, Luftiges und Lumpiges, und was die Miene betrifft, die ich mit mir trug, so gestehe ich gerne, daß ich noch auf keiner Fußwanderung ein anderes als keckes und sorgloses Gesicht zur Schau getragen habe.

Die Straße war nicht sonderlich sauber. Dieser Umstand oder Übelstand hinderte mich jedoch in keiner Weise, sie zu preisen, nämlich die Landstraße und den Fußgänger glücklich zu schätzen, der wohlgemut auf ihr marschierte, nämlich mich selber.

Einem scharfsichtigen, vorsichtigen Landjäger, der mir in einer Ortschaft begegnete, gefiel ich jedoch bedauernswerterweise weniger gut und machte ich unglücklichermaßen, d. h. leider Gottes keinen so vorzüglichen Eindruck wie mir selber. Die überraschende Wanderburschenerscheinung schien ihn zu verblüffen und nötigte oder veranlaßte ihn, mich anzuhalten und mich zu bitten, ihm gütig zu folgen. In einer Art löbliches, obrigkeitliches Gemach oder Zimmer brachte er mich, wo ich seinem Vorgesetzten, einem anscheinend eher grimmigen als gütigen und doch auch scheinbar wieder eher freundlichen als gefährlichen und weit eher gutmütigen als entsetzlichen Menschen, als mutmaßlicher anmutlicher Tunichtgut vorgestellt wurde.

Mit finsterer Stimme forderte man mich auf, mich gefälligst zu setzen, worauf man begann, mich zu fragen, was ich zu Fuß im offenen Land herumzulaufen habe.

„Ich scheine bei Ihnen in keinem günstigen Licht zu stehen“, sagte ich; und man fand den Mut, mir zu entgegnen: „Nicht im mindesten.“

„Sie befinden sich aber sehr wahrscheinlich in einem Irrtum“, wagte ich hinzuwerfen, „wenn Sie glauben, daß Sie es in mir mit einem alltäglichen Vagabunden zu tun haben könnten. Ich möchte mir erlauben, Ihnen zu raten, mich mit etwas größerer Genauigkeit anschauen zu wollen. Sie gelangen dann vielleicht zu der für uns beide sicherlich überaus angenehmen Empfindung, daß ich ebenso leicht, wenn nicht leichter, ein honetter[14] und ehrlicher Mensch als verwegen und ein Gauner sein kann. Ich bin überzeugt, daß ich entschieden nicht bin, wofür Sie vielleicht sich verpflichtet fühlen möchten mich zu halten. Ganz ebenso gut wie irgendein anderer hätte ich mit der Eisenbahn reisen können. Da ich aber ein lebhafter Freund tagelangen, meilenweiten Herumschlenderns und Marschierens bin, so habe ich vorgezogen, zu Fuß zu gehen, was doch wohl nicht gut als Sünde betrachtet und mithin wohl auch nicht ohne weiteres verdächtig gemacht werden kann. Erscheinen Freude am Wandern und was damit aufs schönste verknüpft ist: Liebe zur Natur Ihnen etwa verdächtig? Bitte erklären Sie sich freundlich.“ „Sie kommen uns etwa verdächtig genug vor, mein Herr“, hieß es unverfroren; aber nach Verlauf einer halben Stunde, die mit emsigem Forschen in allerhand Akten und Papieren und fleißigem Einziehen von Erkundigungen redlich ausgefüllt wurde, ließ man mich ziehen, indem man mir sagte: „Sie können gehen.“

Das war hochwillkommener, niedlicher, artiger Bescheid. Ich machte von gnädiger Erlaubnis ohne Zögern Gebrauch und zog fort, und so konnte ich denn eine gewagte, schwierige, deswegen aber nicht minder hübsche, schöne, günstige, heitere Wanderung fortsetzen und beendigen und langte noch frühzeitig genug in der kleinen Landstadt an, damit alles bestens klappe und passe, und in der Tat saßen die Brüder zu guter Stunde fröhlich dann am Nachteßtisch beisammen. *(1917)*

---

[14] ehrenhaft, anständig

## 5. Reiner Kunze: Ordnung

Die Mädchen und Jungen, die sich auf die Eckbank der leeren Bahnhofshalle setzten, kamen aus einem Jazz-Konzert. Ihr Gespräch verstummte rasch. Einer nach dem anderen legten sie den Kopf auf die Schulter ihres Nebenmanns. Der erste Zug fuhr 4.46 Uhr.

Zwei Transportpolizisten, einen Schäferhund an der Leine, erschienen in der Tür, wandten sich der Bank zu und zupften die Schlafenden am Ärmel. „Entweder Sie setzen sich gerade hin, oder Sie verlassen den Bahnhof, Ordnung muß sein!"

„Wieso Ordnung?" fragte einer der Jungen, nachdem er sich aufgerichtet hatte. „Sie sehen doch, daß jeder seinen Kopf gleich wiedergefunden hat."

„Wenn Sie frech werden, verschwinden Sie sofort, verstanden?" Die Polizisten gingen weiter.

Die jungen Leute lehnten sich nach der anderen Seite. Zehn Minuten später kehrte die Streife zurück und verwies sie des Bahnhofs.

Draußen ging ein feiner Regen nieder. Der Zeiger der großen Uhr wippte auf die Eins wie ein Gummiknüppel.

*(1976)*

## 6. Franz Hohler: Morgen im Spital

Zimmerradios werden angedreht, aus denen Ländlermusik und Wetterprognosen quellen. Thermometer werden eingesteckt, herausgenommen und abgelesen, der Zahl mit einem Komma entnimmt der Patient, wie es ihm heute geht.

Es wird gebettet, Zähne werden geputzt, Waschlappen werden genetzt, Flaschen werden geleert, Rasierapparate werden über Hälse gezogen, erste Leistungen.

Es wird auch mit den Schwestern gescherzt.

Und dann das Frühstück, der Kaffee, die Weggli, die Butter, die Konfitüre. Mit all dem ist man lange vor acht Uhr fertig und wartet nachher auf den Tag.

Kriminalromane werden vom Nachttischchen genommen und wieder zur Seite gelegt.

Ärzten wird erwartungsvoll in die Augen geschaut.

Über dem See verläuft der Horizont wie das Elektrokardiogramm eines Gesunden.

*(1979)*

## 7. Herbert Somplatzki: dunkelblaue tränen

und manchmal mitten in der nacht überkam ihn der unwiderstehliche zwang zum reisen. ihm blieb dann nicht einmal zeit, um sich von seiner frau zu verabschieden!

wenn er dann wiederkam – immer genau nach zwei stunden – hatte er einen leuchtendgrünen vollbart; und in seinen augenwinkeln hingen dunkelblaue tränen.

*(1978)*

## 8. Günter Kunert: Memory

Immer war er betrunken, so daß von ihm gesagt werden kann: Nur noch sein Fleisch existierte. Auch das schon schwach und in Verfall begriffen. Einmal war er in Spanien gewesen, als dort der Krieg flackerte. Auf seiten der Roten Bataillone in der Front der Gerechten gegen die Armeen der Unterdrücker hatte er Taten vollbracht und geschossen und geliebt und lachend vieles ertragen. Wie der Mond hinter der Wolke hervorkommt, wird sein Blick glänzend, und schwindet der Schnapsschleier, spricht er davon. Vor jener Zeit hat er noch nicht gelebt und nach jener nicht mehr. Den die Kugel des Feindes verschonte, traf die Kleinheit des Alltags tödlich.

*(1964)*

## 9. Franz Hohler: Die Reinigung

In eine Wäscherei kam einmal ein Mann und brachte eine Hose, die einer gründlichen Reinigung bedurfte, denn sie war durch und durch schwarz vor Schmutz. Als er sie wieder abholen wollte, reichte ihm die Verkäuferin eine Plastiktasche und sagte, mehr sei von der Hose nicht übriggeblieben.

„Die ist ja leer!“ sagte der Mann.

„Ja“, sagte die Verkäuferin, „dafür ist dieser entsetzliche Dreck weg.“

„Da haben Sie recht“, sagte der Mann, nahm die Tasche, bezahlte die Rechnung und ging.

*(1979)*

## 10. Wolf Wondratschek: [Der Hundertmarkschein]

Eine Frau verkauft auf der Straße einen Hundertmarkschein für fünfundneunzig Mark. Der Geldschein ist echt. Die Passanten machen einen Bogen um die Frau. 15 Minuten später muß sie im Präsidium sehr schwierige Fragen beantworten.

*(1969)*

## 11. Franz Kafka: Der Nachbar

Mein Geschäft ruht ganz auf meinen Schultern. Zwei Fräulein mit Schreibmaschinen und Geschäftsbüchern im Vorzimmer, mein Zimmer mit Schreibtisch, Kasse, Beratungstisch, Klubsessel und Telephon, das ist mein ganzer Arbeitsapparat. So einfach zu überblicken, so leicht zu führen. Ich bin ganz jung und die Geschäfte rollen vor mir her. Ich klage nicht, ich klage nicht.

Seit Neujahr hat ein junger Mann die kleine, leerstehende Nebenwohnung, die ich ungeschickterweise so lange zu mieten gezögert habe, frischweg gemietet. Auch ein Zimmer mit Vorzimmer, außerdem aber noch eine Küche. – Zimmer und Vorzimmer hätte ich wohl brauchen können – meine zwei Fräulein fühlten sich schon manchmal überlastet –, aber wozu hätte mir die Küche gedient? Dieses kleinliche Bedenken war daran schuld, daß ich mir die Wohnung habe nehmen lassen. Nun sitzt dort dieser junge Mann. Harras heißt er. Was er dort eigentlich macht, weiß ich nicht. Auf der Tür steht: ‚Harras, Bureau'. Ich habe Erkundigungen eingezogen, man hat mir mitgeteilt, es sei ein Geschäft ähnlich dem meinigen. Vor Kreditgewährung könne man nicht geradezu warnen, denn es handle sich doch um einen jungen, aufstrebenden Mann, dessen Sache vielleicht Zukunft habe, doch könne man zum Kredit nicht geradezu raten, denn gegenwärtig sei allem Anschein nach kein Vermögen vorhanden. Die übliche Auskunft, die man gibt, wenn man nichts weiß.

Manchmal treffe ich Harras auf der Treppe, er muß es immer außerordentlich eilig haben, er huscht förmlich an mir vorüber. Genau gesehen habe ich ihn noch gar nicht, den Büroschlüssel hat er schon vorbereitet in der Hand. Im Augenblick hat er die Tür geöffnet. Wie der Schwanz einer Ratte ist er hineingeglitten und ich stehe wieder vor der Tafel ‚Harras, Bureau', die ich schon viel öfter gelesen habe, als sie es verdient.

Die elend dünnen Wände, die den ehrlich tätigen Mann verraten, den Unehrlichen aber decken. Mein Telephon ist an der Zimmerwand angebracht, die mich von meinem

Nachbar trennt. Doch hebe ich das bloß als besonders ironische Tatsache hervor. Selbst wenn es an der entgegengesetzten Wand hinge, würde man in der Nebenwohnung alles hören. Ich habe mir abgewöhnt, den Namen der Kunden beim Telephon zu nennen. Aber es gehört natürlich nicht viel Schlauheit dazu, aus charakteristischen, aber unvermeidlichen Wendungen des Gesprächs die Namen zu erraten. – Manchmal umtanze ich, die Hörmuschel am Ohr, von Unruhe gestachelt, auf den Fußspitzen den Apparat und kann es doch nicht verhüten, daß Geheimnisse preisgegeben werden.

Natürlich werden dadurch meine geschäftlichen Entscheidungen unsicher, meine Stimme zittrig. Was macht Harras, während ich telephoniere? Wollte ich sehr übertreiben – aber das muß man oft, um sich Klarheit zu verschaffen –, so könnte ich sagen: Harras braucht kein Telephon, er benutzt meines, er hat sein Kanapee an die Wand gerückt und horcht, ich dagegen muß, wenn geläutet wird, zum Telephon laufen, die Wünsche des Kunden entgegennehmen, schwerwiegende Entschlüsse fassen, großangelegte Überredungen ausführen – vor allem aber während des Ganzen unwillkürlich durch die Zimmerwand Harras Bericht erstatten.

Vielleicht wartet er gar nicht das Ende des Gesprächs ab, sondern erhebt sich nach der Gesprächsstelle, die ihn über den Fall genügend aufgeklärt hat, huscht nach seiner Gewohnheit durch die Stadt und, ehe ich die Hörmuschel aufgehängt habe, ist er vielleicht schon daran, mir entgegenzuarbeiten.

*(1931; entstanden 1917)*

## 12. Günter Kunert: Hinausschauen

Wer sähe nicht gern aus dem Fenster auf die Passanten männlichen und weiblichen Geschlechts, welch letztere zur Sommerszeit äußerst bewegliches Fleisch zur Schau tragen, später in der Kälte geheimnisvolle Mäntel, darunter meist hitzig-heißes Leben vermutet wird und meist irrtümlich.

Man lehnt sich bequem über Autos, Pferde, die es noch gibt, über Polizisten und Panzer, die es auch noch gibt, über Müllwagen. Elefanten (sehr selten) und Mörder, die für gewöhnlich schwer erkennbar sind. Gemütlich die Ellbogen aufs Fensterbrett gestützt, ist man sich des Unheils nicht bewußt, das hinterrücks geschieht, indem da ungeahnte Hände schon die Treppen abreißen, die Öfen, Herde, Badewannen, das ganze Haus, so daß man, noch eben über einen Spaziergänger gebeugt, plötzlich ohne Hintergrund ist, ohne festes Dach und ohne Boden unter den Füßen, eigentlich bereits in der Luft hängt und nur für die draußen auf der Straße unverändert anheimelnd aus dem Fenster sieht: Wie gefährlich das ist, ahnt keiner, der vorbeigeht.

*(1964)*

## 13. Franz Kafka: Die Bäume

Denn wir sind wie Baumstämme im Schnee. Scheinbar liegen sie glatt auf, und mit kleinem Anstoß sollte man sie wegschieben können. Nein, das kann man nicht, denn sie sind fest mit dem Boden verbunden. Aber sieh, sogar das ist nur scheinbar.

*(1908)*

# Textquellenverzeichnis

(Wenn nicht anders angegeben, sind die benutzten Quellen Erstausgaben. Bei den Erstausgaben wurden lediglich Buch- und Zeitschriftenveröffentlichungen berücksichtigt, andere Formen der Veröffentlichung [in Zeitung oder Hörfunk beispielsweise] nicht.)

S. 5: Robert Walser: Der Nachen. Aus: Robert Walser: Kleine Wanderung. Geschichten. Reclam, Stuttgart 1963, S. 31f. (Erstmals erschienen in: R. W.: Kleine Dichtungen. Wolff, Leipzig 1914)

S. 6: Monika Seck-Agthe: Das Tolle an der Liebe. Aus: Total verknallt. Ein Liebeslesebuch. Hrsg. von Marion Bolte u.a. Rowohlt (rotfuchs), Reinbek b. Hamburg 1984, S. 48–50

S. 8: Tanja Zimmermann: Eifersucht. Aus: Total verknallt, a.a.O., S. 119

S. 9: Robert Walser: Mittagspause. Aus: Robert Walser: Prosa. Suhrkamp, Berlin/Frankfurt/M. 1960, S. 104f. (Erstmals erschienen in: R. W.: Kleine Dichtungen. Wolff, Leipzig 1914)

S. 10: Wolf Wondratschek: Mittagspause. Aus: Wolf Wondratschek: Früher begann der Tag mit einer Schußwunde. Hanser, München 1969, S. 52f.

S. 12: Tanja Zimmermann: Sommerschnee. Aus: Total verknallt, a.a.O., S. 121f.

S. 14: Robert Walser: Brief. Aus: Robert Walser: Poetenleben. Suhrkamp, Frankfurt/M. 1977, S. 49f. (Erstmals erschienen in: R. W.: Poetenleben. Huber, Frauenfeld 1917; eingedrucktes Erscheinungsjahr: 1918)

S. 15: Franz Kafka: Die Abweisung. Aus: Franz Kafka: Sämtliche Erzählungen. Hrsg. von Paul Raabe. Fischer, Frankfurt/M. 1976, S. 17 (Erstmals erschienen in: F. K.: Betrachtung. In: Hyperion 1 (1908), H. 1, hrsg. von Franz Blei und Carl Sternheim)

S. 16: Herbert Somplatzki: gedränge. Aus: Herbert Somplatzki: Schrumpfstories. Braun, Köln 1978, S. 46 (Neuausgabe: H. S.: Blitzgespräch – und andere Schrumpfstories. Spectrum, Stuttgart 1982). Rechte beim Autor

S. 17: Irmtraud Morgner: Kaffee verkehrt. Aus: Die Frauen von der Plaza de Mayo. Lesebuch Menschenrechte. Hrsg. von Gisela Klemt-Kozinowski u.a. Signal, Baden-Baden 1984, S. 164 (Erstmals erschienen in: I. M.: Leben und Abenteuer der Trobadora Beatriz nach Zeugnissen ihrer Spielfrau Laura. Roman in dreizehn Büchern und sieben Intermezzos. Aufbau, Berlin/Weimar 1974, 4. Buch, 18. Kap.)

S. 19: Wolf Wondratschek: Aspirin. Aus: Wolf Wondratschek: Früher begann der Tag mit einer Schußwunde, a.a.O., S. 54f.

S. 20: Franz Hohler: Im Schlaf. Aus: Franz Hohler: Wo? Luchterhand, Darmstadt und Neuwied 1975, S. 104–106

S. 22: Arnfried Astel: Allein. Aus: Arnfried Astel: Kläranlage. 100 Epigramme. Hanser, München 1970, S. 72

S. 23: Bertolt Brecht: Wer kennt wen? Aus: Bertolt Brecht: Geschichten vom Herrn Keuner. Gesammelte Werke, Bd. 12. Suhrkamp, Frankfurt/M. 1967, S. 407f. (Erstmals erschienen in: B. B.: Geschichten. Suhrkamp, Frankfurt/M. 1963; entstanden 1929)

S. 24: Deniz Çalişkan: Abschied. Aus: Türken deutscher Sprache. Berichte, Erzählungen, Gedichte. Hrsg. von Irmgard Akkermann. dtv, München 1984, S. 33f.

S. 26: Ali Çiraci: Hoffnungslos? Aus: Türken deutscher Sprache, a.a.O., S. 93f.

S. 28: B. Traven: Der Wachtposten. Aus: B. Traven: Der Banditendoktor. Erzählungen III. Werkausgabe, Bd. 15. Diogenes, Zürich 1982, S. 141f. (Edition der Büchergilde Gutenberg) (Erstmals erschienen in: B. T.: Der Busch. Büchergilde Gutenberg, Berlin 1928)

S. 30: Mira Lobe: Es gibt Gesetze. Aus: Die Frauen von der Plaza de Mayo, a.a.O., S. 102f. (Erstmals erschienen in: Ich verstehe die Trommel nicht mehr. Erzählungen aus Afrika. Hrsg. von Renate Welsh. Jungbrunnen, Wien 1979, S. 111f.)

S. 32: Josianne Maas: Konsequenz. Aus: Beispiele Beispiele. Texte aus der Literarischen Werkstatt Gelsenkirchen. Hrsg. von Hugo E. Käufer. Bitter, Recklinghausen 1969, S. 25

S. 33: Weibliche Beschneidung. Aus: Die Frauen von der Plaza de Mayo, a.a.O., S. 144f. (Erstmals erschienen in: Materialien zur Unterstützung von Aktionsgruppen gegen Klitorisbeschneidung. Hrsg. von L. Braun, T. Levin, A. Schwarzbauer. Verlag Frauenoffensive, München 1979, S. 49f.)

S. 35: Gespräch mit Tüley. Aus: Total verknallt, a.a.O., S. 100-102

S. 38: Sibylle Rapp: Das rote Spielzeugauto. Aus: Morgen beginnt heute. Jugendliche schreiben über die Zukunft. Hrsg.

von Uta Biedermann u. a. Beltz, Weinheim und Basel 1981, S. 58f. (Erstmals erschienen in: Unsere Zukunft. Die 30 ausgezeichneten Beiträge zum Schreibwettbewerb 1979. Hrsg. von Uta Biedermann u.a. Förderzentrum Jugend schreibt, Köln 1979, S. 69)

S. 40: Wolfdietrich Schnurre: Kaffeetrinken am Stadtrand. Aus: Wolfdietrich Schnurre: Das Los unserer Stadt. Eine Chronik. Walter, Olten und Freiburg i. Br. 1959, S. 20

S. 41: Andreas Puchta: Herrlich, dieser Frühling 2000. Aus: Morgen beginnt heute, a.a.O., S. 115–117 (Erstmals erschienen in: Unsere Zukunft, a.a.O., S. 24f.)

S. 44: Franz Hohler: Der Verkäufer und der Elch. Aus: Franz Hohler: Ein eigenartiger Tag. Lesebuch. Luchterhand, Darmstadt und Neuwied 1979, S. 74f.

S. 46: Georg Danzer: Eckige Kinder. Aus: Liedermacher-Lesebuch. Prosa, Cartoons, Lieder. Hrsg. von Heinz Seeger. Arena, Würzburg 1982, S. 42f.

S. 48: Herbert Somplatzki: mitternacht. Aus: Herbert Somplatzki: Schrumpfstories, a.a.O, S. 110

S. 49: Franz Hohler: Der Liederhörer. Aus: Franz Hohler: Ein eigenartiger Tag, a.a.O., S. 71f.

S. 51: Robert Walser: Der Traum. Aus: Robert Walser: Prosa, Suhrkamp, Berlin/Frankfurt/M. 1960, S. 108–110 (Erstmals erschienen in: R. W.: Kleine Dichtungen. Wolff, Leipzig 1914)

S. 53: Günter Kunert: Die kleinen grünen Männer. Aus: Günter Kunert: Tagträume in Berlin und andernorts. Kleine Prosa, Erzählungen, Aufsätze. Hanser, München 1972, S. 42f. (Erstmals erschienen in: G. K.: Tagträume, Hanser, München 1964)

S. 55: Wolf Wondratschek: Kurze Szene. Aus: Wolf Wondratschek: Omnibus. Hanser, München 1972, S. 72f.

S. 56: Reiner Kunze: Sechsjähriger. Aus: Reiner Kunze: Die wunderbaren Jahre. Prosa. Fischer, Frankfurt/M. 1976, S. 9

S. 57: Wolfdietrich Schnurre: Mutter läßt grüßen. Aus: Wolfdietrich Schnurre: Gelernt ist gelernt. Gesellenstücke. Ullstein, Frankfurt/M./Berlin/Wien 1984, S. 130

S. 58: Bernhard Laux: Alltäglicher Friede. Aus: Frieden: Mehr als ein Wort. Gedichte und Geschichten. Hrsg. von Hildegard Wohlgemuth. Rowohlt (rotfuchs), Reinbek b. Hamburg 1981, S. 118

S. 59: Herbert Somplatzki: intensivmethode: audio-visuell-motorisch. Aus: Herbert Somplatzki: Schrumpfstories, a.a.O., S. 113. Rechte beim Autor

S. 60: Wolfdietrich Schnurre: Ein Schicksal aus unseren Tagen. Aus: Frieden: Mehr als ein Wort, a.a.O., S. 88f. (Erstmals erschienen in: W. S.: Protest im Parterre. Langen und Müller, München 1957, S. 70f.)

S. 61: Wolf Wondratschek: [Fußball]. Aus: Wolf Wondratschek: Früher begann der Tag mit einer Schußwunde, a.a.O., S. 78

S. 62: Astrid Lindgren: Über Frieden. Aus: Wir machen Frieden. Hrsg. von der Arbeitsgemeinschaft des Internationalen Instituts für Jugendliteratur und Leseforschung unter der Leitung von Lucia Binder. Jugend und Volk, Wien/München 1983, S. 10–12

S. 64: F. C. Weiskopf: Der letzte Wunsch. Aus: F. C. Weiskopf: Anekdoten und Erzählungen. Gesammelte Werke VI. Dietz, Berlin 1960, S. 43 (Erstmals erschienen in: F. C. W.: Die Stärkeren. Episoden aus einem unterirdischen Krieg. Neue Deutsche Blätter, Heft 2, Prag 1934)

S. 65: Bertolt Brecht: Der hilflose Knabe. Aus: Bertolt Brecht: Geschichten vom Herrn Keuner, a.a.O., S. 381 (Erstmals erschienen in: Versuche, Heft 5, Berlin 1932)

S. 66: Gerhard Zwerenz: Nicht alles gefallen lassen. Aus: Gerhard Zwerenz: Gesänge auf dem Markt. Kiepenheuer & Witsch, Köln 1962 (Auch in: G. Z.: Nicht alles gefallen lassen. Schulbuchgeschichten. Fischer, Frankfurt/M. 1972, S. 7–9)

S. 69: Anna Seghers: Zwei Denkmäler. Aus: Atlas. Zusammengestellt von deutschen Autoren. Wagenbach, Berlin 1965, S. 221f.

S. 71: Franz Hohler: Wie ich lebe. Aus: Franz Hohler: Ein eigenartiger Tag, a.a.O., S. 24f.

S. 73: Reiner Kunze: Clown, Maurer oder Dichter. Aus: Reiner Kunze: Die wunderbaren Jahre, a.a.O., S. 19–21

S. 75: Reiner Kunze: Fünfzehn. Aus: Reiner Kunze: Die wunderbaren Jahre, a.a.O., S. 27–29

S. 77: Robert Walser: Kleines Landstraßenerlebnis. Aus: Robert Walser: Poetenleben, Suhrkamp, Frankfurt/M. 1977, S. 9–11 (Erstmals erschienen in: R. W.: Poetenleben. Huber, Frauenfeld 1917; eingedrucktes Erscheinungsjahr: 1918)

S. 79: Reiner Kunze: Ordnung. Aus: Reiner Kunze: Die wunderbaren Jahre, a.a.O., S. 37

S. 80: Franz Hohler: Morgen im Spital. Aus: Franz Hohler: Ein eigenartiger Tag, a.a.O., S. 34

S. 81: Herbert Somplatzki: dunkelblaue tränen. Aus: Herbert Somplatzki: Schrumpfstories, a.a.O., S. 29. Rechte beim Autor

S. 82: Günter Kunert: Memory. Aus: Günter Kunert: Tagträume in Berlin und andernorts, a.a.O., S. 33 (Erstmals erschienen in: G. K.: Tagträume. Hanser, München 1964)

S. 83: Franz Hohler: Die Reinigung. Aus: Franz Hohler: Ein eigenartiger Tag, a.a.O., S. 73

S. 84: Wolf Wondratschek: [Der Hundertmarkschein]. Aus: Wolf Wondratschek: Früher begann der Tag mit einer Schußwunde, a.a.O., S. 76

S. 85: Franz Kafka: Der Nachbar. Aus: Franz Kafka: Sämtliche Erzählungen, a.a.O., S. 300f. (Erstmals erschienen in: F. K.: Beim Bau der chinesischen Mauer. Kiepenheuer, Berlin 1931; entstanden 1917)

S. 87: Günter Kunert: Hinausschauen. Aus: Günter Kunert: Tagträume in Berlin und andernorts, a.a.O., S. 44 (Erstmals erschienen in: G. K.: Tagträume, Hanser, München 1964)

S. 88: Franz Kafka: Die Bäume. Aus: Franz Kafka: Sämtliche Erzählungen, a.a.O., S. 19 (Erstmals erschienen in: F. K.: Betrachtung. Hyperion 1 (1908), H. 1, hrsg. von Franz Blei und Carl Sternheim)

*Für die Klassen 9–11 empfehlen wir außerdem folgende Lektüren:*

**Böll, Heinrich: Im Tal der donnernden Hufe**
Klettbuch 26057
Bereits im Titel klingt leitmotivisch „das auf der Suche sein" als Antwort des 14jährigen Helden Paul an – eine Antwort, die noch durch und durch bestimmt ist von den Heldenträumen eines Zwölfjährigen im Stile Karl Mays. Diese Antwort wird am Ende der Erzählung im Anschluß an die zarte Liebesgeschichte mit dem Mädchen Katharina dann allerdings zurückgenommen.

**Degener, Volker: No future?**
Originaltext
Klettbuch 26132
Volker W. Degener ist Schriftsteller und Polizeihauptkommissar. Seinen Stoff liefern ihm aber nicht Kriminalfälle, sondern Menschen und Schicksale, mit denen er bei der langjährigen Ausübung seines Berufes konfrontiert wurde.

**Geschichten aus der DDR**
Klettbuch 26147
Alle hier ausgewählten modernen Texte spiegeln die Realität aus dem Alltagsleben der DDR.

**Siebzehn Kurzgeschichten**
Klettbuch 26122
Die Kurzgeschichten stammen alle von bekannten zeitgenössischen Autoren. Sie sind in thematisch orientierten Textsequenzen gegliedert und so angeordnet, daß sie für den Lehrer (Schüler) einen didaktisch vorstrukturierten Orientierungsrahmen abgeben.

**... liebt mich – liebt mich nicht ... Moderne Liebesgeschichten aus aller Welt**
Mit Texten von Ingeborg Bachmann, Heinrich Böll, Morley Callaghan, Ernest Hemingway, Marie-Luise Kaschnitz, Siegfried Lenz, Bernhard Malamud, Katherine Mansfield, Boris Pilnjak, Anna Seghers, Michail Sotschenko u. a.
Klettbuch 26141

**Mit Leib und Seele dabei***
– Kindheit und Jugend unterm Hakenkreuz – Vorwort von Inge Aicher-Scholl
Klettbuch 26162
Kinder und Jugendliche stehen im Mittelpunkt dieses Bandes. Die Texte dokumentieren, auf welch unterschiedliche Weise sie in die faschistische Gewaltherrschaft einbezogen wurden.

**Der Papalagi** (Auswahl)
Ein Südseehäuptling erlebt unsere Zivilisation
Klettbuch 26102
Die Aktualität des Textes auf dem Hintergrund der ökologischen Krise und der daraus resultierenden zivilisationskritischen Diskussion in den Industrieländern ließen den „Papalagi" in den letzten Jahren zum Buchbestseller werden.

**Pausewang, Gudrun: Frieden schaffen**
Ein Roman aus der Friedensbewegung
Klettbuch 26228

**Getrennte Wege**
Erzählende Texte zum Generationenkonflikt
Klettbuch 26205

**Wolfdietrich Schnurre: Ein Fall für Herrn Schmidt**
Kurzgeschichte, Hörspiel, Fernsehspiel
Klettbuch 26135
Zum ersten Mal wird hier ein und dieselbe Geschichte „Ein Fall für Herrn Schmidt" in verschiedenen Medien erzählt.

* Text(e) ohne Materialien. Alle übrigen Titel enthalten ergänzende Materialien.